BEGRIFF UND WESEN

DER SOGENANNTEN

JURISTISCHEN PERSONEN.

VON DER JURISTENFACULTÄT IN LEIPZIG

GEKRÖNTE PREISSCHRIFT

VON

ERNST ZITELMANN.

LEIPZIG,
DUNCKER & HUMBLOT
1873.

MEINEM

GELIEBTEN VATER

GEWIDMET.

Vorwort.

Motto: Mehr Sein als Schein.

Mit geringen und fast ausschliesslich rein stylistischen Aenderungen erscheint hier eine von der hohen Juristenfacultät der Universität Leipzig am 31. October 1872 mit dem Preise gekrönte Abhandlung. Die gestellte Aufgabe hiess: „Beurtheilung der neuen Ansichten über Begriff und Natur der sogenannten juristischen Personen." Auf Verlangen der hohen Facultät sei das von derselben gefällte Urtheil hier abgedruckt:

„Die Abhandlung mit dem Motto: „Mehr Sein als Schein" zeichnet sich nicht nur durch eine correcte Erfassung der gestellten Aufgabe nach den ihr gezogenen Grenzen und durch gefällige, meist sehr klare Darstellung aus, sondern sie bekundet auch durchweg neben einer wohlthuenden geistigen Frische philosophische Durchbildung und Sicherheit in der Beherrschung des Stoffes. Die gründliche und befriedigende Zusammenstellung der verschiedenen Ansichten der Neuern gibt grosse Belesenheit und umfassendes, durchdachtes Wissen des Verfassers zu erkennen. Die Vollständigkeit, in welcher er die modernen Rechtsansichten und die reichhaltige neuere Literatur über die vorgelegte Frage berücksichtigt und verarbeitet, sowie seine — abgesehen von den Bemerkungen über die sogenannte Fictionstheorie — meist treffende, wenn auch nicht immer erschöpfende Kritik derselben verdient grosses Lob. Zwar beruhen seine Ausführungen über Corporationen vielfach auf zu allgemeinen, der näheren Bestimmung bedürfenden Sätzen, auch kann die Facultät der eigenthümlichen Auffassung, welche der Verfasser an die Stelle der bisherigen Theorien zu setzen versucht, in keiner Weise beitreten. Dessenungeachtet aber sind auch in diesem Theile seiner Abhandlung die dieselbe im Allgemeinen auszeichnenden bereits erwähnten Vorzüge nicht zu verkennen, und es hat daher die Facultät kein Bedenken getragen, den Verfasser des Preises für würdig zu erklären".

Stettin, den 5. Januar 1873.

INHALTSANGABE.

Einleitung.

§ 1. Was heisst „Begriff und Wesen" einer rechtlichen Erscheinung? Ihr Wesen darstellen heisst sie construiren. Legislative Constructionen haben keine Autorität. Daher wir vom römischen Recht absehen und unsere Aufgabe philosophisch lösen werden ... Seite 1

Kapitel I.
§ 2. Formulirung der Frage und Dogmengeschichte ... 9

Kapitel II.
Bisherige Constructionen und Kritik derselben. 12

I. *Constructionen mittelst Fiction.*
A. Die Personificationstheorie.
§ 3.   1. Darstellung 12
§ 4.   2. Kritik 17

B. Annahme einer Personenrolle.
§ 5.   Randa. Böhlau. Was sagte das römische Recht über die sog. juristischen Personen? 21

II. *Wirkliche Constructionen.*
A. Annahme subjectloser Rechte.
§ 6.   1. Dogmengeschichte 27
        2. Im Allgemeinen, insbes. Demelius. 28
§ 7.   3. Insbesondere Windscheid 33
§ 8.   4.   „   Köppen 37
§ 9.   5.   „   Brinz 39
§ 10. 6.   „   Bekker 42

B. Jherings Ansicht.
§ 11. 1. in Bezug auf Corporationen und Stiftungen . . . 48
§ 12. 2. in Bezug auf die ruhende Erbschaft 52

C. Die germanistische Theorie.

			Seite
§ 13.	Kap. II.	1. im Allgemeinen	53
§ 14.		2. insbesondere Beseler	56
§ 15.		3. „ Bluntschli	56
§ 16.		4. „ Kuntze	57
§ 17.		5. „ Baron	58
§ 18.		6. „ · Salkowski	58
§ 19.		7. „ Lasson	59
§ 20.		8. Schluss	60

Kapitel III.
Positive Darstellung.

Abschnitt 1. Welches ist die Natur der sog. juristischen Personen.

A. Das Rechtssubject überhaupt.

§ 21.	1. Kein Recht ohne Subject	62
§ 22.	2. Wer ist Rechtssubject?	64
§ 23.	3. Wer ist Person?	67

B. Insbes. ruhende Erbschaft und Stiftung.

§ 24.	1. Gemeinsames	69
§ 25.	2. Ruhende Erbschaft	70
§ 26.	3. Stiftung	72

C. Corporationen.

§ 27.	I. Im Allgemeinen	77
	II. Theoretische Entwicklung.	78
§ 28.	1. Princip der Einheit in der Vielheit im Allgemeinen	79
	a. in den Wissenschaften.	
§ 29.	α. in der Naturwissenschaft	80
§ 30.	β. in der Philosophie	82
§ 31.	δ. in der Theologie	84
	γ. in der Jurisprudenz, s. d.	84
§ 32.	b. in den Künsten	84
§ 33.	c. im alltäglichen Leben	85
§ 34.	d. in der Jurisprudenz insbesondere	86
§ 35.	Gegen Windscheids Widersprüche	89
§ 36.	2. Angewendet auf die Personeneinheiten überhaupt	92
	a. was wird geeint?	93
§ 37.	b. Einungsband	93
§ 38.	c. Einheit	94
§ 39.	d. Eintheilungen	95
	3. Die einzelnen Personeneinheiten.	
§ 40.	a. Natürlich-sittliche Einheit (der Staat)	96

§ 41.	*Abschnitt 1.* b. Gewillkürte Einheiten	101
§ 42.	c. Gemeinden und Gemeindeverbände	105
§ 43.	d. Kirchen	108
§ 44.	III. Rechtsgeschichtliche Begründung	108

D. Falsche Erweiterungen des Personenbegriffs.

§ 45.	1. Successive Inhaber eines Amts oder Throns resp. Aemter selbst	109
§ 46.	2. Inhaberpapiere und Grundstücke, an denen Realrechte oder Lasten hängen	110
§ 47.	3. Peculien	111
§ 48.	4. Nasciturus	111
§ 49.	*Abschnitt 2* Wie sind die sog. juristischen Personen technisch zu behandeln?	112
§ 50.	Resultate	116
	Literaturverzeichniss	117

Einleitung.

§ 1. Das Wesen oder die Natur einer rechtlichen Erscheinung darlegen ist diejenige Thätigkeit, welche technisch „construiren" heisst. Den Begriff einer rechtlichen Erscheinung kann man in zweifacher Weise aufstellen, entweder dadurch, dass man dieselbe nach ihren äusseren Merkmalen von anderen rechtlichen Erscheinungen absondert. Eine solche Begriffsbestimmung geht nothwendig jeder constructiven Thätigkeit voraus und bezeichnet vielmehr für diese erst das Feld, auf dem sie auszuüben ist. Oder die Begriffsbestimmung fasst die Resultate der Construction zusammen, gibt also das innere eigenthümliche Wesen der betreffenden rechtlichen Erscheinung an und grenzt dieselbe dadurch anderen rechtlichen Erscheinungen gegenüber ab.

Die vorliegende Arbeit handelt von der Frage nach Begriff und Wesen der sogenannten juristischen Personen. In dieser Einleitung soll untersucht werden, wonach die Natur oder das Wesen einer rechtlichen Erscheinung überhaupt zu bestimmen, was also unter Construction zu verstehen sei (§ 1). Es wird daraus die Abgrenzung und Formulirung der zu behandelnden Frage sich ergeben (§ 2).

Den Haupttheil der Arbeit wird dann die Lösung dieser Frage d. h. die Construction selbst in Anspruch nehmen (§ 3—44). Aus dieser Lösung endlich wird hervorgehen, ob der Begriff der sog. juristischen Person überhaupt ein brauchbarer ist, und wenn er es ist, welche rechtlichen Erscheinungen unter ihn zu subsumiren sind (§ 45—49).

Nach dem obigen ist unsere Hauptaufgabe die Construction der sogenannten juristischen Personen. Mithin ist entscheidend für die ganze Arbeit, was unter Construction an sich zu verstehen ist. Aus dem zu entwickelnden Wesen der Construction an sich werden sich gewisse Sätze ergeben, durch welche der Inhalt der aufgeworfenen Frage näher bestimmt wird.

Eine rechtliche Erscheinung, rechtliche Thatsache, rechtliches Verhältniss ist rechtlich normirt durch einen Complex darauf bezüglicher Vorschriften des positiven Gewohnheits- oder Rechtsgesetzes. Dieser Complex ist ein Rechtsinstitut[1]). Das Recht überhaupt ist aber nicht eine Vielheit zusammengewürfelter Vorschriften, sondern eine Einheit, in der jede wesentliche materiale Vorschrift aus der Idee des Rechts herfliesst, mithin nothwendig, und nicht zufällig ist. Das Recht ist also ein Organismus, in dem jede einzelne Bestimmung mit derjenigen Bestimmung, als deren nähere Detaillirung sie erscheint, also schliesslich mit der Rechtsidee selbst in nothwendigem Zusammenhange steht. Nothwendigkeit ist Vernünftigkeit. Einen positiven Rechtssatz nach seiner Nothwendigkeit und Vernünftigkeit betrachten, heisst ihn philosophisch betrachten. Seinen noth-

---

[1]) Windscheid, Pandekten § 37 a. E.

wendigen Zusammenhang mit der Rechtsidee nachweisen, heisst ihn construiren.

Construction ist also etwas Philosophisches; sie ist der Nachweis, dass ein Rechtssatz oder Complex von Rechtssätzen (Rechtsinstitut) mit der Rechtsidee und den aus ihr herfliessenden Grundsätzen, mithin mit der Rechtslogik in Einklang, d. h. in vernünftigem Zusammenhange steht. Die Natur eines Rechtsinstituts ist durch den Zusammenhang desselben mit der Rechtsidee bestimmt.

Aus dem bezeichneten Wesen der Construction ergibt sich nun mit logischer und materialer Nothwendigkeit der Satz, dass die Construction nie Sache eines Gesetzgebers sein kann. Der Gesetzgeber lehnt sich an die realen Bedürfnisse des Lebens an und bestimmt, dass dies oder das für gewisse Verhältnisse Recht sein soll — was er eben für das Zweckmässigste hält. Er bestimmt, dass etwas Recht sein soll, d. h. er wirkt auf den Willen der Menschen ein; er gibt ihrem Willen eine gewisse Richtung und einen gewissen Inhalt. Nie aber hat er es mit der Ueberzeugung der Menschen zu thun, welche als etwas ganz Inneres dem Zwange — dem nothwendigen Attribute des Rechts — absolut nicht zugänglich ist. Es ist dem Gesetzgeber ganz gleichgültig und muss es ihm sein, ob die Bestimmung, welche ein Mensch, dem positiven Rechte gemäss, seinem Willen gibt, mit der Ueberzeugung des betreffenden Menschen zusammenfällt, oder was für Ueberzeugungen der betreffende Mensch überhaupt hat: ihm kommt es nur auf den causal werdenden Willen des Menschen an. Er bestimmt, dass etwas sein soll, nicht, dass etwas ist.

Construction ist nun aber der Nachweis von etwas, was da ist; sie ist die geistige Darlegung von etwas Vorhandenem, nämlich von dem Zusammenhange des betreffenden Rechtsinstituts mit der Rechtsidee. Ob dieser Zusammenhang und welcher Zusammenhang besteht, das ist Sache der wissenschaftlichen Ueberzeugung und hat mit dem Willen absolut nichts zu thun, fällt unbedingt nicht in die Sphäre der Gesetzgebung, sondern in die der Wissenschaft. Mit demselben Recht, mit dem ein Gesetzgeber eine juristische Construction als positives Recht hinstellt, mit eben demselben Recht kann er auch bestimmen, dass 2 mal 2 fünf sein soll. — Stellt ein Gesetzgeber in seinem Gesetzbuch eine juristische Construction auf, so ist das eben eine — allerdings an unpassender Stelle dargelegte — wissenschaftliche Ansicht so gut wie alle in wissenschaftlichen Werken aufgestellte Ansichten, und hat auch gerade nur dieselben Wirkungen wie jene. Eine legislative Construction hat nicht um ein Haar breit mehr Autorität als eine von einem Einzelgelehrten ausgehende, wohl aber ist sie höchst bedenklich, weil, wie Jhering sagt, „der Widerspruch gegen sie nicht so leicht rege wird und einen ungleich schwereren Stand hat, als gegenüber rein doctrinellen Constructionen[2]."

Die Richtigkeit dieser Bemerkung zeigt sich ganz besonders an dem Dogma von den sog. juristischen Personen. Alles oben Gesagte ist nämlich nothwendig gewesen, um für unsere Arbeit einen sicheren Ausgangspunkt zu gewinnen.

Denn vergleicht man des Genaueren die Literatur über die vorliegende Controverse, so ergibt sich die merkwürdige Thatsache, dass von den einzelnen Gelehrten unter ein und demselben Titel ganz verschiedene Fragen behandelt werden.

Eine grosse Zahl von Juristen betrachtet als Kern ihrer

---

[2]) Jhering, Geist des röm. Rechts II S. 355. Vgl., id. in d. Jahrbüchern für Dogmatik Bd. X Seite 542.

Arbeit über die vorliegende Frage die Untersuchung darüber, wie das römische Recht sie beantworte und glaubt mit der richtigen Antwort hierauf auch die Antwort darauf gefunden zu haben, wie die juristischen Personen überhaupt zu construiren seien; ja man geht zum Theil soweit, zu sagen: die Frage nach dem wahren Wesen der sog. juristischen Personen ist eine ganz müssige, da sie ja durch das Corpus Juris in endgültiger Weise entschieden ist, und die betreffenden Sätze des römischen Rechts bei uns noch gemeinrechtlich sind. Zu dieser falschen Auffassung der Frage ist man durch zwei falsche Prämissen gekommen, entweder durch den — bewussten oder unbewussten — Glauben an die Unfehlbarkeit des römischen Rechts, d. h. an die Identität desselben mit dem Naturrecht[3]) — welcher Glaube jetzt allerdings fast ganz aufgegeben ist — oder durch die oben bekämpfte Ansicht, dass eine legislative Construction positivrechtliche Autorität besitze.

Um die Verwirrung aber noch zu erhöhen, begnügt man sich meistentheils nicht, einfach die Auffassung des römischen Rechts zu entwickeln, wie es z. B. Savigny thut, sondern man ficht daneben und dazwischen immer auch noch mit naturrechtlichen Gründen. Und da ist es denn merkwürdig und lehrreich zu sehen, wie fast für jede Ansicht das römische Recht angeführt wird. Baron sowohl wie Demelius, Windscheid wie Köppen u. s. w. stellen alle ihre Ansicht als die allein quellengemässe dar, und selbst unter denen, welche zugeben, dass das römische Recht eine Fictionstheorie habe, wird gestritten, welches denn diese Fictionstheorie sei, ob Personificationstheorie oder Annahme einer Personenrolle.

---
[3]) So G. Lenz bei Windscheid Pand. § 6 N. 5 cit.

Jhering vermeidet diesen Fehler; wir folgen ihm und stellen also bei der Kritik der verschiedenen aufgestellten Constructionen die des römischen Rechts ohne jeden Vorrang neben die übrigen. Die Frage nach ihr ist eine rein dogmengeschichtliche: die zu behandelnde Frage aber ist eine rechtsphilosophische.

Nun ist jedoch noch ein Einwand zu erledigen. Man könnte sagen: auch zugegeben, dass eine legislative Construction keine Autorität besitze, so sei doch die im Corpus Juris niedergelegte Ansicht nur ein Ausdruck dessen, was in dem Geist der römischen Rechtsentwicklung begründet gewesen sei; die Ansicht des römischen Rechts stehe in nothwendigem Zusammenhange mit seiner tiefsten und obersten Erkenntniss der Rechtsidee und ihrer leitenden Maximen. Da diese nun doch auch die unseren seien, so müsse auch die Construction des römischen Rechts die unsere sein. — Aber auch dies ist unrichtig. Denn die Rechtsidee und ihre obersten Maximen sind so wenig wie etwa die sittliche Idee etwas absolut Feststehendes; sie sind vielmehr wie Alles auf der Welt in einem ununterbrochenen Entwicklungsprocess begriffen. So wie sich der Geist überhaupt zum Bewusstsein durchringt, so entwickeln sich mit und in ihm in adäquater Fortschreitung die einzelnen das Leben und die Geschichte beherrschenden Ideen, so entwickelt sich insbesondere mit ihm auch das Recht. Jedes Volk, das ein anderes auf dem Kampfplatz der Weltgeschichte ablöst und die Führung der geistigen Bewegung übernimmt, bereichert die Erkenntniss der Rechtsidee mit gewissen seiner Volksindividualität eigenen Erkenntnissmerkmalen. Die Erkenntniss der Rechtsidee ist also keine einheitliche; sie ist eine nach Raum und Zeit unterschiedene. Die Construction, die in der nachfolgenden

Arbeit aufgestellt werden soll, ist, was sofort zuzugeben ist, dem römischen Recht völlig fremd und mit der von ihm erst beschränkt erkannten Rechtsidee unverträglich. Das deutsche Volk aber, das die Aufgabe hatte, eine andere Seite der Rechtsidee auszubilden, hat in sich eine viel reichere Idee des Rechts entwickelt: mit seinen eigenen, von den römischen verschiedenen Anschauungen hat es nach der Reception des römischen Rechts die römischen Anschauungen verschmolzen, und ist durch diesen dialektischen Process fähig geworden, das Recht in viel wahrerer Weise zu erkennen. — Wie aber die Rechtsidee selbst reicher geworden ist, so ist auch demgemäss das corporative Leben in Deutschland ein unendlich viel mannichfaltigeres und bedeutenderes, als es in Rom war. Denn das ist ein nothwendiges Grundaxiom jeder Wissenschaft, dass die beiden Factoren, mit denen sie zu rechnen hat, stets in Wechselwirkung mit einander stehn: die Idee und die einzelnen Erscheinungen. So gut deshalb wie die Rechtsidee Einfluss auf die Gestaltung der einzelnen rechtlichen Verhältnisse hat, so bestimmen diese wiederum die Rechtsidee. Es ist unmöglich, dass ein Factor dem anderen widerspreche. Nie kann die Entwickelung der einzelnen Rechtsinstitute hinter der der Idee zurückbleiben. Letztere ist von zu gewaltiger Kraft, als dass sie nicht die einzelnen Rechtsinstitute umzuformen wüsste. Nie aber können ebenso die einzelnen Rechtsinstitute einem Grundsatz, der aus der Rechtsidee fliesst, widersprechen. Es kann wohl einmal ein Gesetzgeber eine falsche Vorschrift geben, aber das, was sich mit „Nothwendigkeit in Leben der Völker gestaltet hat", das kann seiner Natur nach nie der Rechtsidee widersprechen.

Unmöglich kann es daher genügen, wenn wir bei der Construction der in Deutschland gerade so eigenthümlich ausgebildeten Genossenschaften ihren Zusammenhang mit der römischen Rechtslogik aufdecken; vielmehr wird der richtige Weg der sein, dass wir uns von den nothwendiger Weise noch gebundenen römischen Anschauungen los sagen und in freier rechtsphilosophischer Forschung den Zusammenhang der bei uns factisch bestehenden sog. juristischen Personen mit dem durch unsere Philosophie erkannten Rechtsbegriffe darlegen. Es würde sich dann auch zeigen lassen, dass dieser philosophisch erkannte Rechtsbegriff zugleich die Grundlage der gesammten deutschen Rechtsentwicklung bildet [4]).

Wir folgen also Cicero's schönem Wort [5]):

Non ergo a Praetoris edicto neque a XII tabulis, sed penitus ex intima philosophia hauriendam juris disciplinam.

---

[4]) Cf. § 44.
[5]) de legib. I. cap. 4.

Capitel I.

Formulirung der Frage und Dogmengeschichte.

§ 2. Es liegt die Thatsache vor, dass es Rechte und Verbindlichkeiten gibt, die keinem physischen Subject zustehen, dennoch aber in ihrer rechtlichen Existenz ebenso geschützt sind, wie die, welche ein physisches Subject haben. Solche keinem physischen Subject zugehörige Rechtscomplexe nennt man „juristische Personen".

Der Begriff des Rechts aber, wie man ihn bisher ausnahmslos aufgefasst hat, verlangt als nothwendigstes und erstes Erforderniss ein Subject. Die Frage nach der Construction der sogenannten juristischen Personen betrifft also die Vereinigung der rechtlichen Thatsache, dass es Rechtscomplexe ohne physisches Subject gibt, mit dem Rechtsbegriff, welcher ein Subject erfordert.

Die spärlichen Sätze, welche das römische Recht über diese Frage gab, wurden von der deutschen Rechtswissenschaft, insbesondere in mustergültiger Weise von Savigny mit aller Schärfe zu derjenigen Theorie entwickelt, die wir die Personificationstheorie nennen. Diese herrschte bis in die Mitte dieses Jahrhunderts und hat auch noch jetzt in den gangbarsten Hand- und Lehrbüchern den Vorrang. Zwar erhob sich Beseler, noch unbestimmt 1835 in seinen „Erbverträgen" und ganz entschieden 1843 in seinem „Volksrecht und Juristenrecht" und seinem „System", 1. Auflage 1847, gegen die herrschende Ansicht und behauptete vielmehr, die sog. juristischen Personen seien nicht fingirte, sondern reale Personen (Germanistische Theorie). Seine Stimme verhallte aber und erst 1853 erhob sich ihm in Bluntschli ein Nachfolger. In demselben Jahr aber wurde die Personificationstheorie auch von Windscheid angegriffen und ihr die Theorie der subjectlosen Rechte entgegengestellt. Windscheid wiederholte seinen Angriff, der bisher noch nicht durch Gründe unterstützt war, 1856 und fand nun sofort 1856 in Köppen und 1857 in Bekker eine Unterstützung. Da erschien Brinz 1857 auf dem Kampfplatz und warf sein zündendes Wort des Zweckvermögens in die Debatte; ihm folgte sogleich 1858 Demelius. Zum dritten Male vertheidigte Windscheid seine Theorie 1859. In demselben Jahre nahmen Bluntschli und Kuntze den Kampf von ihrer Seite für die germanistische Theorie wieder auf. Rastlos arbeitete unterdess die Personificationstheorie: sie erscheint noch fast in allen Darstellungen des Pandektenrechts und des Germanicums. Insbesondere erhob sich Unger 1859 in einem vorzüglichen Aufsatze gegen alle Neuerungsversuche und mit ihm Arndts. Die Brinzsche Idee des Zweckvermögens wurde in thätiger Weise von Demelius und von Bekker 1861 (besonders für das Handelsrecht) weitergebildet. Auch für das Handelsrecht hielt an der alten Theorie fest Rösler 1861. In seinen Pandekten 1862 bestätigte Windscheid seine frühere Ansicht. 1863 ist ein literaturreiches Jahr für die germanistische Theorie. Diese schickte zwei neue Kämpfer in's Feld, zum Theil mit eigenthümlichen Gesichtspunkten: Baron und Salkowski; auch Kuntze erhob sich wieder für dieselbe. Gegen Salkowski erhob sich Laband 1864 und Witte 1865. Einen Vermittelungsversuch, der ohne Folge blieb, machte 1866 Randa, dessen Gedanken 1871 in Böhlau's Schrift zu neuem Ausdruck gelangten. Eine viel tiefere Betrachtung erhielt unsere Controverse durch Jhering's Auftreten 1865 und durch Brinz' nähere Ausführungen, die er 1868 in seinen Pandekten gab. Die Gedanken beider verarbeitete Bekker 1872 zu einem höchst gewagten Aufsatz, der bis jetzt den Schlussstein aller bezüglichen Arbeiten bildet. Kurz vor ihm fasste Lasson 1872 in einer vorzüglichen Abhandlung noch die ganze germanistische Theorie zusammen, indem er dabei besonders aus Gierke's erschöpfenden Untersuchungen über die Rechtsgeschichte der deutschen Genossenschaft (1868) schöpfte.

Capitel II.
Bisherige Constructionen und Kritik derselben.
I. Constructionen mittelst Fiction.
A. Die Personificationstheorie.

§ 3. An die Spitze stellen wir die althergebrachte, auch jetzt noch eigentlich herrschende Theorie von den fingirten Personen.

1. In zweifacher Weise stellt man diese Ansicht dar. Entweder sagt man[6]: das Recht im subjectiven Sinne verlangt seinem Begriffe nach ein Subject, dem es zusteht. Die Fähigkeit aber, Subject von Rechten zu sein, hat von vornherein nur der Mensch; nur e r ist wahre Person. Jeder Mensch nun verfolgt seine Einzelzwecke und Einzelinteressen; es gibt aber auch Zwecke, deren Erreichung über das Interesse der Einzelnen hinausliegt oder durch einen Einzelnen nicht möglich ist, deren Realisation aber doch für die Gemeinschaft der Menschen von grösster Wichtigkeit ist. Diese weiter gehenden Zwecke bedürfen zu ihrer Realisation nun auch

---

[6] So Puchta, Vorlesungen S. 56. Kl. civil. Schriften S. 499. Rösler in Goldschmidts Zeitschrift für Handelsrecht IV. 282—284.

äusserer Güter, und diese verschafft ihnen das Recht, indem es Rechte und Verbindlichkeiten statuirt, die, ohne einem einzelnen Menschen als berechtigtem oder verpflichtetem Subject zuzustehn, unmittelbar für den betreffenden Zweck da sind. Da nun aber nach dem Begriffe des Rechts jedes Recht ein Subject haben muss und hier in der That keines vorhanden ist, so muss die Jurisprudenz, um das Bestehen jener Rechte und Verbindlichkeiten für den betreffenden Zweck zu ermöglichen, ein künstliches, „durch künstliche Gedankenoperation geschaffenes" Subject für jene Rechte und Verbindlichkeiten hinstellen, welches nun die für jenen Zweck bestehenden Rechtscomplexe zusammenhält.

Nach dieser Ansicht bestimmt also die Rechtsordnung aus Utilitätsgründen kraft positiver Festsetzung, dass Behufs Erreichung gewisser Zwecke oder Erleichterung im Rechtsverkehr Personen als Subjecte der diesen Zwecken dienenden Rechte und Verbindlichkeiten fingirt werden sollen.

Die Vertreter dieser Ansicht machen vor Allem den Fehler, dass sie die sog. juristischen Personen für eine Schöpfung des positiven Rechts halten, während diese in Wahrheit nur durch das Recht anerkannte und geordnete Thatsachen waren, die das Recht, um nicht in Widerspruch mit sich selbst zu gerathen, durch Fiction mit den Forderungen des Rechtsbegriffs in Einklang zu setzen suchte.

Richtiger[7]) fassen die meisten anderen Vertreter der Fictionstheorie den Thatbestand auf.[8]) Sie sagen nicht, dass

---

[7]) Vgl. überhaupt Pfeifer, Lehre von den jurist. Personen § 2—6.

[8]) So Unger i. d. Krit. Ueberschau VI. 168—169. Savigny System § 87 passim. Arndts Krit. V.-J.-Schrift S. 96—98. S. auch Köppen S. 7 i. d. M. und Andere. Arndts Pand. § 41 N. 3 verbis „in der That".

das positive Recht kraft positiver Satzung ein ideales Subject schaffe, um dadurch Rechte und Verbindlichkeiten dem Kampf der Einzelinteressen zu entrücken und für einen allgemeinen Zweck dienstbar zu machen, sondern sie sagen, dass das positive Recht sich mit der Thatsache, dass Rechte und Verbindlichkeiten unmittelbar einem Zweck dienen, ohne an Menschen als ihre Subjecte gebunden zu sein, dadurch abfinde, dass es für jene Rechte und Verbindlichkeiten ein künstliches Rechtssubject annehme. Durch diese Fiction, sagt man, bleibe das Recht in Einklang mit seinem obersten Grundsatz: kein Recht ohne Subject. Am schärfsten und den vermeinten Werth der Fiction am treffendsten darlegend, spricht dies Unger aus[9]): „Das Recht macht Fictionen, um nicht Bestimmungen aufzunehmen, welche in Widerspruch mit den Fundamentalsätzen des Rechts wären und als undisciplinirte Anomalien dastünden; zu diesem Behuf beugt das Recht die Thatsachen unter seine Regel, statt sich vor der Herrschaft der Thatsachen zu beugen" u. s. w. — Es ist nun natürlich nicht gemeint, dass schon die ganze Lehre von den juristischen Personen fertig in den Thatsachen dagelegen hätte; vielmehr war nur der Grundgedanke da; seine Anerkennung und nähere Detaillirung ist Sache der Wissenschaft gewesen.

Die Argumentation der Personificationstheorie ist also in ihren Grundzügen folgende:

1. Kein Recht ohne Subject.

2. Subject der Rechte ist nur der Mensch.

3. Nun ist aber die Existenz von verkehrsfähigen Rechtscomplexen ohne physisches Subject eine Thatsache und auch eine unbedingte Forderung des Verkehrs.

---

[9]) Krit. Ueberschau VI. 166.

4. Es gibt und muss also geben Vermögen, die thatsächlich herrenlos sind.

5. Mithin liegt hier ein Conflict zwischen der Rechtslogik und den Thatsachen, resp. dem realen Bedürfniss vor.

6. Ueber diesen Conflict kann nur das ultimum remedium, welches das römische Recht in solchen Fällen gibt, die Fiction, forthelfen.

7. Das fehlende Subject wird also durch Fiction ersetzt. Und zwar sollen verkehrsfähige Rechtscomplexe, für die ein fingirtes Subject nöthig ist, in folgenden Fällen vorliegen:

a. Es gibt gewisse Zwecke, die von einer Mehrheit natürlicher Rechtssubjecte angestrebt werden. Ihre Realisation ist aber nur mit grösster Schwerfälligkeit möglich, wenn alle Rechte und Verbindlichkeiten, die der Realisation jener Zwecke dienen, an alle die einzelnen physischen Rechtssubjecte als Quotenrechte und Verbindlichkeiten geknüpft wären. Es liegt daher im Interesse des Verkehrs, die Erreichung jener Zwecke dadurch zu ermöglichen oder wenigstens zu erleichtern, dass ein einheitliches Rechtssubject für alle der Realisation der betreffenden Zwecke dienenden Rechte und —verbindlichkeiten geschaffen wird. Das positive Recht entspricht dieser Anschauung und diesem Bedürfniss dadurch, dass es das fehlende Subject durch Fiction ergänzt. In diese Kategorie gehören die Corporationen i. w. S.: Staat, Gemeinden, Gemeindeverbände, Kirchen, Genossenschaften.

b. Oder es sind gewisse Vermögenscomplexe da, welche einem bestimmten Zwecke dienen sollen, was aber nicht möglich ist, wenn sie an einen Einzelnen als berechtigtes Subject geknüpft werden. Das Unterscheidende von a. liegt darin, dass hier das Substrat der Personen fehlt, die jenen

Zweck anstrebten. — Um nun jene Vermögen verkehrsfähig zu erhalten und doch von der Privatherrschaft eines einzelnen zu emancipiren, schafft das positive Recht ein ideales Subject für dieselben. Hierhin gehören die Stiftungen (Anstalten).

c. Oder endlich, es ist ein Vermögen da, welches einer einzigen einzelnen, bisher aber noch nicht als Rechtssubject für dasselbe existirenden Person zu dienen bestimmt ist, und bis zu dem Eintritt dieses ihres Subjects als Ganzes erhalten werden soll (ruhende Erbschaft). Auch hier sagt man, liegt es wieder im Interesse des Verkehrs, das subjectlose Vermögen, das nach dem Satze: res nullius cedit primo occupanti ganz schutzlos wäre, dem Erben als Ganzes zu erhalten, was ohne Verletzung der Rechtslogik nur dadurch geschehen kann, dass das positive Recht ihm ein Subject fingirt. Auffallend ist es schon und zeugt für die schrankenlose Willkürlichkeit [10]), welche im Fingiren liegt, dass die Vertreter der eben dargelegten Theorie darüber streiten, was denn nun eigentlich als Subject zu fingiren, d. h. was zu personificiren sei. Insbesondere meinte nach Savigny's [11]) Vorgang fast die ganze ältere Theorie [12]), bei Corporation und Stiftung sei der zu erreichende Zweck selbst dasjenige, was als Subject der der Realisation des Zwecks dienenden Rechte und Verbindlichkeiten anzusehen sei. Dagegen behauptete Unger [13]), dass stets das Substrat der sog. juristischen Person personificirt werden müsse, nämlich bei den Corpora-

---

[10]) S. Demelius Jahrbücher f. Dogm. IV. 118. 119.
[11]) System II S. 244 Note b.
[12]) z. B. Scheurl Beiträge I. a. a. O. S. 7 oben. Auch Puchta u. Müller bei Unger krit. Ueberschau VI. 159 cit.
[13]) Krit. Ueberschau VI. 159.

tionen der Personenverein, bei den Stiftungen das Vermögen. Ihm folgen jetzt die Meisten. Manche meinen jedoch, auch bei den Corporationen sei das Vermögen, das wahre Substrat, und dies habe daher auch hier Anspruch auf die „Ehre der Personificirung".

Noch schlimmer ist die Verwirrung bei der ruhenden Erbschaft[14]). Da wird bald der verstorbene Erblasser als noch lebend, bald die Erbschaft als Subject fingirt, bald wird ganz ohne Personification ein ganz neues Subject durch Fiction geschaffen.

In der That ist, sobald man überhaupt erst in's Fingiren kommt, nicht einzusehen, warum eine Fiction richtiger sein soll, als die andere. Eine Fiction hat ja eben nie ihrem Inhalt nach Wahrheit; es kommt nur darauf an, dass sie so praktisch als möglich sei.

Wenn uns schon das Vorhandensein dieser eben dargelegten Controverse stutzig macht, so soll im Folgenden versucht werden, das Unzureichende einer Lösung durch Fiction darzulegen.

§. 4. 2. Das in Wahrheit fehlende Subject ist also durch Fiction ergänzt. Wie steht die Sache nun? Es lag ein (scheinbarer) Widerspruch zwischen einer rechtlichen Thatsache und einem der obersten Rechtsgrundsätze vor. Wir fragten nach der Lösung desselben. Darauf sagt man uns: wir bilden durch Fiction die anormale Thatsache so lange um, bis sie mit dem Rechtsbegriff resp. dem aus ihm herfliessenden obersten Rechtsgrundsatz in Einklang kommt. Habe ich denn dadurch nun etwas für die Erkenntniss des wahren Zusammenhangs zwischen Thatsache und Rechtsbe-

---

[14]) Vgl. Windscheid in der krit. Ueberschau I. S. 181—207 passim.

griff gewonnen? Nein, garnichts! dass ein Subject in der That nicht da ist, wo es nach der Rechtslogik vorhanden sein müsste, diesem Dilemma gehe ich doch dadurch nicht aus dem Wege, dass ich ein Subject fingire [15])! Die Fiction kann doch den thatsächlichen Mangel nicht ersetzen, denn sie schafft nie Wahrheit, Realität. Vielmehr gebe ich dadurch, dass ich ein Subject fingire, zu, dass in Wirklichkeit kein Subject da ist, während es nach dem Rechtsbegriff doch da sein müsste. Es liegt in der Natur der Sache und im Begriff der Fiction, dass durch dieselbe Thatsachen nicht geändert werden können. Wohin sollte das auch führen? Die Fiction ist als solche ja völlig frei; ich könnte also durch sie jede dem Recht auch noch so sehr logisch widersprechende Thatsache zu einer rechtslogischen machen. Wenn es sich um den wahren Zusammenhang einer rechtlichen Thatsache mit dem Rechtsbegriff handelt, und es liegt ein Widerspruch vor, so hat die Fiction zu schweigen. Es ist dann nur zweierlei möglich [16]: entweder ist die betr. rechtliche Thatsache eine unrechtliche, eine rechtliche Unmöglichkeit und als solche vom Recht zu verneinen, oder der Rechtsbegriff ist zu eng und muss erweitert werden, bis er auf die Thatsache passt. Denn [17]) es ist eine nothwendige Idee der Rechtswissenschaft, wie der Wissenschaft überhaupt, dass das kleinste Detail immer mit den obersten Principien in wirklichem Einklang

---

[15]) So auch Köppen Erbschaft S. 8. Brinz Pand. S. 982 a. E. 989 oben. Windscheid Actio S. 236. Demelius i. d. Jahrb. f. Dogmatik IV., S. 117—118, 127. Bekker in seinem und Muther's Jahrbuch I. S. 305., idem in dem Jahrbuch f. Dogm. XII. S. 10. Jhering ib. X. a. a. O. 413, idem Geist III., 1. S. 284 — 292. Böhlau Rechtssubject S. 9. Randa Archiv für Wechselrecht XV. S. 339 bei u. in Note 4.
[16]) cfr. Demelius Jahrbuch f. Dogm. IV. 116.
[17]) S. oben S. 7.

steht. Den Mangel dieses Einklangs wird eine Fiction sowenig in der Rechtswissenschaft wie anderswo ausfüllen können. Was würde man wohl dazu sagen, wenn sich eine Ausnahme von einem bisher unbezweifelten Naturgesetz vorfände und man nun sagte: das Naturgesetz ist richtig und muss demnach in jedem Falle causal werden. Da es nun in diesem einen Falle nicht causal geworden ist, so muss man fingiren, es sei causal geworden?!

Inwiefern es aber erlaubt ist, den Rechtsbegriff je nach den einzelnen neu auftauchenden rechtlichen Erscheinungen zu ändern, darüber siehe die Kritik der Theorie subjectloser Rechte in § 6.

Wenn so der Werth der Fiction als rechtsconstruirenden Factors und als Surrogats der Thatsachen auf das Entschiedenste geleugnet werden muss, so ist sie doch in einem andern Sinne mit all ihren Resultaten in voller Bedeutung anzuerkennen. Die Fiction hat, wie überhaupt, so auch insbesondere bei der Lehre von den sog. juristischen Personen ihre Berechtigung, nur freilich an anderer Stelle. Nicht etwa kann durch sie etwas Positives geschaffen und der Sache auf den Grund gegangen werden; wohl aber wird durch sie nach Bruns'[18] treffendem Ausdrucke „eine feste rechtliche Kategorie herbeigezogen, durch die die ganze rechtliche Behandlung des Verhältnisses einen festen und bequemen Anhalt bekommt." Sie dient dazu, die Rechtspraxis zu vereinfachen [19]; indem sie sieht, dass die rechtlich unbekannte Thatsache A unter denselben Grundsätzen steht, wie die rechtlich bekannte Thatsache B, so fingirt sie, A sei B und ermöglicht damit für beide rechtliche Thatsachen

---

[18] in v. Holtzendorffs Encyclopaedie I., S. 270.
[19] cfr. Unger, krit Ueberschau VI., S. 167..

einheitliche Grundsätze und Behandlungsweise. Sie ist [20] eine „technische Nothlüge", „ein Nothbehelf" für die Zeit des „theoretischen Nothstands". Die fortschreitende Erkenntniss in der Wissenschaft wird sie als blos hinderliche „Krücken" über Bord werfen. Für einen gewissen Standpunkt der Wissenschaft ist sie aber noch nothwendig, nämlich für den Standpunkt, wo die Doctrin noch nicht fähig ist, eine Aufgabe in ihrer vollen Gestalt zu bemeistern. Ob sie auch für die technische Behandlung der sog. juristischen Personen noch von Werth ist, darüber s. u. § 49. — Die Anhänger der Personificationstheorie geben also unbewusst das Bestehen subjectloser Rechte zu[21]; weil sie diesen Thatbestand aber für unvereinbar mit der Rechtslogik halten, versuchen sie ihn durch eine Fiction zu einem solchen umzugestalten, der mit der Rechtslogik in Einklang steht. Ein schlagendes Beispiel von diesem unbewussten Zugestehen der thatsächlichen Subjectlosigkeit der Rechte findet sich bei Arndts [22]. Dieser fällt plötzlich aus der Rolle, gibt selbst sogar die logische Möglichkeit des Bestehens subjectloser Rechte zu, und erklärt den Begriff der juristischen Person nur für ein systematisches Gelenk, das aus Utilitätsgründen, also aus practischen Rücksichten angenommen sei. Er sagt nämlich: „Allerdings liesse sich das erste" (scil. die Schaffung eines idealen Subjects) „wohl auch umgehen. Man könnte sagen: es ist Rechtens, d. h. es ist eine Anordnung des Rechts im objectiven Sinn, dass gewisse Güter, ohne einem Eigenthümer zu gehören, zu gewissen Zwecken (einer Gesammtheit) bestimmt sind, und gewisse Personen (als Vertreter der Ge-

---

[20] Jhering, Geist III. 1. S. 288.
[21] S. Brinz Pand. S. 989 oben.
[22] in der Krit. V. J. Schrift I. S. 98.

sammtheit) über deren Verwendung zu jenen Zwecken zu wachen haben; es ist Recht, dass bestimmte Personen, ohne dass ein Gläubiger da ist, etwas zu leisten haben, das wieder jenen Zwecken dienen soll; es ist Recht, dass Jemandem aus gewissen Mitteln, ohne dass ein Schuldner vorhanden wäre, etwas gewährt werde u. s. w. Aber welche Unbehilflichkeit der Darstellung würde sich daraus ergeben, wenn man diesen Standpunkt festhalten wollte! Wie würde sich, wer darin verstrickt war, erleichtert und in seiner Erkenntniss gefördert sehen, wenn ihm nun plötzlich Jemand als systematisches Gelenk die juristische Person darböte u. s. w."

Eine solche Auffassung der Fiction ist u. E. die richtige. Am Schluss dieser Arbeit ist zu untersuchen, ob die von Arndts u. A. aufgestellte Fiction practisch ist oder nicht. Jedenfalls lässt sich darüber streiten, ob nicht vielleicht ein andere Fiction practischer und darum an die Stelle der alten Fiction zu setzen ist. Dies wollen diejenigen Schriftsteller, welche wir jetzt zu betrachten haben.

B. Annahme einer Personenrolle.

§ 5. Schon 1866 hatte Randa[23], hauptsächlich in Entgegnung auf Demelius' Aufsatz über „fingirte Persönlichkeit" versucht, an Stelle der alten Fiction eine bessere neue zu setzen. Brinz[24] und Böhlau[25] führen Randa als Vertheidiger der Theorie von den subjectlosen Rechten auf; dass dies unrichtig ist, beweisen Aussprüche wie[26]: „Rechte setzen

---
[23] in Siebenhaars Archiv XV. S. 1. ff. u. S. 337 ff.
[24] Pand. S. 979.
[25] Rechtssubject Note 4.
[26] Randa l. c. S. 7.

ein berechtigtes, Verbindlichkeiten ein verpflichtetes Subject voraus." „Die Frage ist unausweichlich, wem gehört das Vermögen, wer ist Gläubiger, wer Schuldner?" u. s. w. Randa erklärt sich dann gegen die Personificationstheorie, indem er sagt: „Wir behaupten nicht, es ist kraft Rechtens ein Subject da, obgleich in Wirklichkeit keines vorhanden ist; wir sagen nur, es ist gerade so, als ob eines da wäre." Dieses keiner physischen Person gehörige aber doch so behandelte Vermögen will er nun auch als juristische Person bezeichnen.

Genau dieselbe Fiction sucht nun auch Böhlau[27]) einzuführen, nur dass er den Namen „juristische Person" verbannen will. Böhlau's Ausführungen sind nicht neuer, sondern nur genauer als Randa's; es sei erlaubt, ihn als Repräsentanten der darzustellenden Richtung sprechen zu lassen. Er beginnt seine Beweisführung ebenso wie die Anhänger der Personificationstheorie, nämlich folgendermassen:

1. Kein Recht ohne Subject[28]).
2. Subject der Rechte ist nur der Mensch[29]).
3. Nun ist aber die Existenz von verkehrsfähigen Vermögen ohne physisches Subject eine Thatsache und eine Forderung des Verkehrs[30]).
4. Es gibt also thatsächlich herrenlose Vermögen[31]).
5. Mithin liegt hier ein Conflict zwischen der Rechtslogik und dem realen Bedürfniss (besser den Thatsachen) vor[32].

---

[27]) Rechtssubject und Personenrolle. 1871.
[28]) Böhlau l. c. S. 4. Nr. 1 — S. 6.
[29]) S. 6. Nr. 2., S. 9.
[30]) S. 16. 17. 20.
[31]) S. 16. Nr. 2., S. 21 unten S. 22 oben.
[32]) S. 16., S. 21 unten.

6. Ueber diesen Conflict kann nur die Fiction forthelfen[33].

7. Diese Fiction kann aber nicht die durch die Personificationstheorie aufgestellte sein. Denn dadurch, dass für das thatsächlich herrenlose Vermögen das fehlende Subject durch Fiction beschafft wird, wird der Satz 2), dass nur der Mensch Rechtssubject sein kann, umgestossen[34].

8. Die richtige Fiction ist vielmehr die, dass das thatsächlich herrenlose Vermögen rechtlich so behandelt wird, als hätte es thatsächlich ein menschliches Subject, dass es also nicht zur Person umfingirt wird, sondern dass es eine Personenrolle spielt, als Person behandelt wird[35].

Werden diese acht Sätze, die fast ganz wörtlich der Böhlau'schen Schrift entnommen sind, so kategorisch nebeneinander gestellt, so ergibt sich der gemachte Zirkel von selbst. Denn der Satz 8, das Resultat, ist identisch mit dem Satz 3. Böhlau glaubt eine Fiction aufgestellt zu haben, während er in Wahrheit nur das als Resultat aussagt, was er eben hat erklären wollen. Dass gewisse thatsächlich keinem physischen Subject zuständige Vermögen doch so behandelt werden, als hätten sie ein Subject (Satz 8), das ist es ja eben, was erklärt werden soll, das braucht garnicht durch Fiction statuirt zu werden, sondern ist Thatsache, und um diese Thatsache handelt es sich eben.

Wenn Böhlau ausserdem der Personificationstheorie vorwirft, dass sie sich selbst widerspreche (Satz 7), so trifft ihn dieser Vorwurf ebenso gut. Denn er stösst durch den Satz 4: „Es gibt herrenlose Vermögen", den Satz 1 wieder

---

[33] S. 16., S. 21 unten.
[34] S. 21 unten. S. 9.
[35] S. 16., S. 22 oben.

um, den er als Prämisse aufgestellt hat: „Kein Recht ohne Subject". Ueber diesen Widerspruch kann uns eine Gleichsetzung, eine Annahme, wie es Böhlau nennt (S. 17 oben), nicht forthelfen. Schliesslich zeigt er schon durch den von ihm gewählten Ausdruck: „Das betreffende Vermögen wird so behandelt als ob . . ." (S. 22.), dass er eine Antwort auf eine Frage gegeben hat, die vorerst garnicht gestellt war, und die ausserdem u. E. die Personificationstheorie viel klarer und „plastischer" gelöst hat, nämlich darauf: wie sind die sog. jurist. Personen technisch am praktischsten zu behandeln? Es ist doch entschieden eine leichtere Vorstellung, ein Vermögen ohne physisches Subject selbst als Subject zu betrachten, als es wie einen Schauspieler anzusehen, der zum Besten der Destinatäre eine Personenrolle spielt (S. 17).

Gefragt war aber nicht wie das betreffende Vermögen technisch zu behandeln, sondern was es in Wahrheit sei, und darauf ist die Antwort wieder nicht gegeben.

Es ist hier eine Bemerkung darüber einzuschalten, was das römische Recht in der vorliegenden Frage sagt. Böhlau sucht nämlich zu beweisen, dass das römische Recht seine Fiction und nicht die der Personificationstheorie gehabt habe. Dies ist aber nicht richtig. Freilich ist es auch nicht genau, wenn man ganz allgemein sagt: das römische Recht hat die Personificationstheorie gehabt. Vielmehr scheint uns das Richtige Folgendes zu sein:

Der Begriff[36]) eines durch juristische Fiction geschaffenen Subjects ist ein sehr abstracter und hat lange Zeit gebraucht, um sich im römischen Recht in voller Schärfe heraus-

---

[36]) Vgl. Arndts i. d. krit. V. J. Schrift I. S. 96 oben.

zubilden. In der älteren Zeit[37]) haben die Römer den Thatbestand eben genommen, wie er war, sie haben sich mit der Thatsache begnügt, dass gewisse Vermögen, die keinem physischen Subject zustehen, doch so behandelt werden, als stünden sie einem solchen zu. Daher der Ausdruck personae vice fungi[38]) u. Ä. Und auch dieser Thatbestand ist nicht in voller Schärfe anerkannt, vielmehr war die Theorie im einzelnen Falle noch unentschlossen und schwankend[39]); daher fehlte den juristischen Personen zuerst die Möglichkeit des Besitzerwerbes und in vielen Fällen die testamentarische Erbfähigkeit. Daher schreiben sich auch die Aussprüche des Ulpian[40]): quoniam incertum corpus est etc. u. des Paulus[41]): quoniam universi consentire non possunt. Ich glaube auch, dass die Böhlau'schen[42]) Ausführungen über diese zwei Punkte evident beweisen, dass das ältere römische Recht den Begriff der idealen Persönlichkeit noch nicht fest gehabt habe. Bis zur Zeit der Justinianeischen Codification aber hatte sich die Personificationstheorie ziemlich sicher herausgestellt. Es ist darum garnicht nöthig, die beiden oben angeführten Stellen des Ulpian und Paulus so gezwungen zu erklären, wie es Savigny[43]) thut; denn es liegt in der Natur des Rechts, dass sich ein abstracter Satz erst nach langer Pflege durch Verkehr und Wissenschaft zu seiner vollen Schärfe durcharbeitet. Dadurch, dass Böhlau ein Schwanken der Theorie

---

[37]) Vgl. Unger i. d. krit. Ueberschau VI. 168—169. Für die ruhende Erbschaft weist dies nach: Windscheid ib. I. 200—201.
[38]) D. 46. 1. de fidejussor. l. 22.
[39]) Arndts l. c. S. 96. 97. 98.
[40]) Ulpian fragm. XXII. 5.
[41]) D. 41. 2 de acquir. poss. l. 1 § 22.
[42]) Böhlau S. 12—15.
[43]) System II. 291. 301. 307.

im älteren römischen Recht nachweist, hat er garnichts für das neuere römische Recht bewiesen. — Nun führt er noch einen dritten Grund für sich an, der aber entschieden zurückzuweisen ist. Die l. 27. D. de rebus creditis 12,1 sagt nämlich[44]): civitas mutui datione obligari potest, si ad utilitatem ejus pecuniae versae sunt; alioquin ipsi soli, qui contraxerunt, non civitas tenebuntur. Der Grund dieser Bestimmung soll nach Böhlau [45]) der sein, dass ja eigentlich die sog. juristische Person weder dare noch accipere könne, weil sie ja keine Person sei, „und dass die Stelle des dare nur so ersetzt werden könne, dass man dem Verwalter für die Zwecke der universitas gebe und dieser das Gegebene für die bezeichneten Zwecke auch wirklich verwende." — Mir erscheint diese Erklärung der l. 27 cit. sehr gezwungen; es liegt doch so nahe, besonders da von einer civitas die Rede ist, eine günstige Einzelbestimmung anzunehmen, wie sie auch für andere Handlungsunfähige, insbesondere für den Minderjährigen und ganz hervorragend für den Fiscus bestehen. Demgemäss hat auch Savigny[46]) kein Recht, diese singuläre Bestimmung extensiv zu interpretiren, weil dies dem bekannten Interpretationsgrundsatz[47]) widerspricht[48])[49]).

Dass nun aber das Justinianeische Recht in der That die Personificationstheorie gehabt habe[50]), wird durch viele

---

[44]) Savigny System II. S. 294.
[45]) Böhlau S. 15.
[46]) System II. S. 294.
[47]) cfr. C. 3, 28 de inoff. test. c. 5.
[48]) cfr. überhaupt Pfeifer l. c. S. 103.
[49]) Ueber eine andere Erklärung der l. 27 cit. von Sintenis u. Glück s. Pfeifer l. c. S. 10, 3—4.
[50]) Für die ruhende Erbschaft geleugnet von Savigny und Köppen a. a. O., behauptet von Windscheid in der krit. Uebersschau I. 189—193 u. a. a. O. von Jhering Jahrb. f. Dogm. X. 413 A. 22., Puchta, Scheurl u. A.

Stellen des Corpus J. C. bewiesen. Dieselben hier anführen hiesse aus unseren gangbaren Lehrbüchern abschreiben. Es sei daher auf diese verwiesen.

Nachdem wir so Punkt für Punkt Böhlau's Ansicht zurückzuweisen versucht haben, und nachdem seine Fiction auch als die weniger practische erschienen ist, haben wir die Kritik der Fictionstheorien beendigt. Es ergibt sich, dass dieselben keine wahren, sondern nur scheinbare, blos technische Constructionen sind. Der Fehler aber, durch den die kritisirten Theorien überhaupt zu ihren Schlüssen gekommen sind, findet sich ebenfalls bei den jetzt zu besprechenden Ansichten und ist daher erst unten aufzudecken.

II. *Wirkliche Constructionen.*

A. Annahme subjectloser Rechte.

§ 6. 1. Zuerst wurde der Satz: „Kein Recht ohne Subject" angegriffen von Windscheid 1853, 1856, 1859, 1862. Ihm folgten Köppen 1856 und Bekker 1857. Da warf Brinz 1857 sein geflügeltes Wort von der Vogelscheuche und dem Zweckvermögen in die Debatte. Sofort traten ihm Demelius 1858 u. 1861, Dietzel 1859, Fitting 1859 und Bekker 1861 bei. Aus Jhering's Theorie und Brinz' näherer Ausführung erwuchs dann die neueste Schrift über die sog. juristischen Personen, Bekkers gewagte Arbeit „zur Lehre vom Rechtssubject" 1872. Andeutungsweise erkannten auch noch andere Gelehrte, wie Bruns und Unger[51] das thatsächliche Bestehen subjectloser Rechte an.

Fast jeder der angeführten Gelehrten verficht diese

---

[51] Bruns in v. Holtzendorffs Encycl. I. S. 270. (Unger Erbrecht S. 28).

eine Theorie mit anderen Gründen und muss daher einzeln besprochen werden. Jedoch empfiehlt es sich, von der historischen Reihenfolge abzugehen und die einzelnen Ansichten nach inneren Gründen zusammenzustellen.

Zuerst sei die Theorie der subjectlosen Rechte im Allgemeinen characterisirt.

2. Die Anhänger der, wie wir sie genannt haben, technischen Constructionstheorien hatten den Widerspruch, der zwischen einer aus dem Rechtsbegriff herfliessenden logischen Forderung und einer Forderung des Verkehrs, m. a. W. einer Thatsache bestand, dadurch zu lösen versucht, dass sie die betreffende Thatsache durch Fiction so lange umgebildet hatten, bis sie unter den Begriff des Rechts passte. Wir haben zu zeigen versucht, dass diese Methode eine nicht ausreichende ist. Die Anhänger der Theorie von den subjectlosen Rechten bestreben sich, den Widerspruch auf der anderen Seite zu lösen: sie bilden nämlich den Begriff des Rechts so lange um, bis er auf die betr. rechtliche Thatsache passt. Dies ist in der That das wahre Wesen und der Kernpunkt dieser ganzen Theorie, soviel man es auch zu verdecken strebt, nämlich eine Erweiterung des Rechtsbegriffs. Am deutlichsten und unbefangensten tritt dies zu Tage bei Demelius. Es wird daher erlaubt sein, gemäss den Referaten, die wir oben über die Argumentationen der Fictionstheorien gegeben haben, auch für die Theorie subjectloser Rechte die correspondirende Schlussreihe aufzustellen, welche zwar nur bei Demelius sich unverschleiert findet, aber doch implicite in dem ganzen Wesen der zu besprechenden Theorie liegt.

Die Argumentation dieser Theorie beginnt wie die der Fictionstheorien, nämlich:

1. Kein Recht ohne Subject; dies ist eine bisher ausnahmslose Regel[52]).
2. Subject der Rechte ist nur der Mensch.
3. Nun gibt es aber thatsächlich Rechte, die keinem Menschen als Subject zustehen,
4. folglich überhaupt subjectlos sind (nach Satz 2).
5. Mithin liegt hier ein Widerspruch zwischen einer rechtlichen Thatsache und dem bisher aufgestellten Rechtsbegriff vor.

Nun wird aber fortgefahren:

6. Der Rechtsbegriff ist jedoch nur etwas aus den einzelnen Rechtsinstituten Abstrahirtes;[53]) er ist nur soweit richtig, als er in jedem einzelnen Falle passt. Lässt er sich in irgend einem einzelnen Falle nicht anwenden, so zeigt sich dadurch, dass er falsch ist. Der bisher aufgestellte Begriff des Rechts verlangt ein Subject; da es nun aber thatsächlich Rechte ohne Subject gibt, so ist der bisher aufgestellte Begriff des Rechts zu eng, und muss so erweitert werden, dass in ihm die Möglichkeit subjectloser Rechte liegt. So sagt Demelius[54]): „. . . . als wenn das Recht, die Macht des nationalen Geistes und Verkehrslebens, indem es neue Lebensnormen producirt, nach den Begriffen und Sätzen fragte, welche seine Diener zu ihrer Bequemlichkeit sich abstrahirt haben, und welche im besten Falle Anspruch haben, so lange als richtig zu gelten, als das Material sich nicht ändert, aus dem sie abstrahirt sind."

Mir scheint, dies ist eine so entschiedene Verkennung der Natur des Rechtsbegriffs, wie nur möglich. Denn der

---

[52]) Demelius i. d. Jahrb. f. Dogm. IV. S. 116 oben.
[53])   „   ib. S. 115.
[54]) ib. S. 115.

Rechtsbegriff ist nicht etwa blos ein aus den empirischen rechtlichen Erscheinungen abstrahirter, d. h. er ist nichts blos Formales, keine magere Zusammenfassung der in allen Rechtsinstituten gleichmässig vorhandenen Merkmale; er ist nicht ein wesenloses Etwas, das wir erst aus dem einzig realen, nämlich den wirklich vorhandenen rechtlichen Thatsachen durch den Process der Abstraction gewonnen haben: sondern der Rechtsbegriff, richtiger die Rechtsidee wird zur anderen Hälfte bestimmt durch philosophische Principien; er hat einen selbstständigen apriorischen idealen Inhalt, aus dem heraus er durch ureigne schöpferische Kraft mit unwiderstehlicher Nothwendigkeit die einzelnen Rechtsgebilde hervortreibt, sowie aus dem Kern sich ein mächtiger Baum mit Stamm und Aesten, Blättern und Blüten nur so und nicht anders entwickelt. Wäre die Rechtsidee nur eine Abstraction aus den Thatsachen, dann dürfte man bei einem Rechtssatze nie von innerer Wahrheit und Nothwendigkeit, sondern nur von seiner grösseren oder geringeren Practicabilität sprechen; es würde dann der Wissenschaft jede aus höheren Gründen herfliessende Einwirkung auf die Rechtsentwicklung versagt sein, und der Willkür wäre ein unbegrenzter Spielraum eröffnet. Gibt es aber, wie wir es meinen, eine über den einzelnen Rechtserscheinungen stehende Rechtsidee, welche die Fülle alles Rechts in sich birgt und die einen von vornherein, abgesehen von den einzelnen Verhältnissen, bestimmten Inhalt hat, aus der also alle einzelnen Rechtssätze (mit Ausnahme blos formaler Bestimmungen) nur als Consequenzen erscheinen: dann darf der Rechtsbegriff nicht geändert werden je nach den einzelnen rechtlichen Erscheinungen, die neu auftauchen. Es ist hier nicht der Platz, den materialen apriorischen Inhalt der Rechtsidee zu entwickeln und aufzuzeigen, inwiefern die Rechtsidee sittlichen Gehalt in sich birgt. Es ist nur darauf aufmerksam zu machen, dass die Rechtsidee zu einer Hälfte zwar aus den rechtlichen Erscheinungen abstrahirt ist, zur anderen Hälfte aber einen selbstständigen apriorischen Inhalt hat. Dieser deckt sich immer mit den einzelnen aposteriorischen Rechtserscheinungen. Und das ist nichts Wunderbares oder Zufälliges; denn es beruht auf dem für die Wissenschaft unumgänglich nothwendigen Axiom der Wechselwirkung[55], d. h. dem Axiom, dass die Idee auf die einzelnen Erscheinungen so gut bestimmend einwirkt, wie diese auf jene. Und das grade ist es, was allein uns immer wieder mit Vertrauen auf die Thätigkeit der Wissenschaft hinschauen lässt, dass überall die Harmonie zwischen der Idee und den einzelnen Erscheinungen aufzufinden ist. Es muss der oberste Grundsatz für jede wissenschaftliche Betrachtung des Rechts sein, dass es nie einen Widerspruch zwischen einer Forderung des Verkehrs und einer Forderung der Rechtslogik geben kann.

Wenn also die Vertreter der zu kritisirenden Theorie meinen, dass sie den Rechtsbegriff so oder so aufstellen können, je nachdem er auf alle rechtlichen Erscheinungen passt oder nicht, so irren sie damit vollständig. Sie irren damit ebenso wie jener, der eine schlechte Handlung begieng und dann zu sich selbst sagte: „Ach was, die Menschen haben den Begriff der Tugend erst gemacht, und zwar viel zu eng. Er muss so erweitert werden, dass meine Handlung auch noch unter ihn fällt, und dann ist sie ja eine tugendhafte." — Der Rechtsbegriff lässt sich nicht so ver-

---

[55] Vgl. die Einleitung S. 7, und S. 18.

ändern, wie etwa der Begriff einer bestimmten Thierspecies, den man durch Vergleichung aller einzelnen zu dieser Species gehörigen Exemplare gewonnen hat. Entdeckt man da ein neues Exemplar, das nur zu dieser und zu keiner anderen Species gehören kann, und dem doch eines der in dem Begriff der Species aufgeführten Merkmale fehlt; so ist es wohl erlaubt und geboten, dies Merkmal aus jenem Begriff fortzustreichen und denselben so fähig zu machen, auch jenes neue Exemplar unter sich zu begreifen. — Anders dagegen mit dem Rechtsbegriff. Glaubt man Rechte entdeckt zu haben, die ohne Subject sind, so kann man nie und nimmermehr aus dem Rechtsbegriff das Merkmal der Subjectivität fortstreichen. Vielmehr ist nur zweierlei möglich: entweder die betreffende rechtliche Thatsache ist in Wahrheit dem Rechtsbegriff widersprechend und daher als unrechtliche vom Recht zu verneinen, oder man muss annehmen, einen Fehler in der Analyse jenes scheinbar anomalen Rechts gemacht zu haben.

Nachdem wir in dem Vorstehenden dasjenige dargestellt haben, was gegen alle Argumentationen für die Statuirung subjectloser Rechte gemeinsam zu sagen ist, wenden wir uns jetzt zur Betrachtung der einzelnen Beweisführungen für die angegriffene Theorie und zwar zuerst zu Windscheid, dann zu Köppen und zu Brinz, endlich zu Bekker. Demelius führt keine weiteren Gründe für seine Ansicht an, wir brauchen ihm deshalb keine nähere Betrachtung zu widmen, ebensowenig wie Dietzel und Fitting. Nämlich völlig ohne begriffliche Rechtfertigung kommt vom nationalökonomischen Standpunkt aus K. Dietzel (die Besteuerung der Actiengesellschaften in Verbindung mit der Gemeindebesteuerung, Köln 1859) und sein Recensent Fitting in der kritischen

V. J. Schrift, Bd. I. S. 581 zur Statuirung von Zweckvermögen, nur dass sie dieselben „selbständige Wirthschaften" zur Erreichung unpersönlicher Zwecke nennen. Es liegen hier nur Behauptungen vor, und die Frage, wie sich denn das Vorkommen dieser „selbständigen Wirthschaften" mit dem Rechtsbegriff vereinigen lasse, wird gar nicht untersucht. Wir gehen deshalb unmittelbar zu Windscheid über.

§ 7. 3. Windscheid[56]) ist derjenige, der ausser Bruns vielleicht am schärfsten die Zusammengehörigkeit der Fictionstheorien mit der Annahme subjectloser Rechte erkannt hat. Seine Resultate sind practisch ganz dieselben wie die der Personificationstheorie. Nur spricht er scharf aus, dass in **Wirklichkeit** die betreffenden Rechte kein Subject haben. Es widerstrebt der Menschennatur aber, so sagt er[57]), gemäss ihrem tiefen Zuge zur Persönlichkeit, sich subjectlose Rechte zu denken. Darum denkt sie jene subjectlosen Rechte als irgend einer fingirten Person gehörig, und hat dadurch den Vortheil, die beiden Classen von Rechten, die einem Subject gehörigen und die subjectlosen, unter ein Schema zu bringen. W. erkennt hierin richtig, dass die Fiction nur eine technische Behandlungsform, nie aber ein die Wirklichkeit umgestaltender Factor ist. Nur eins ist merkwürdig. Lag es nicht so nahe, dass er sich bei seinem Satz von dem tiefen Zuge zur Persönlichkeit, der durch die Menschennatur hindurchgeht, — einem Satz, der fast zu einem geflügelten Wort in der Jurisprudenz geworden ist, — fragte: worauf beruht denn dieser tiefe Zug? welches ist der tiefere

---

[56]) Krit. Ueberschau I. S. 181—207. (1853). ib. VI. S. 219—221. (1859). Die Actio Anhang. S. 233—238 (1856).   Pandekten § 49 u. § 57 ff. (1862. 1867. 1870).
[57]) Krit. Ueberschau VI. S. 219 u. Pandekten I. S. 114—115.

Grund dieses tiefen Zuges? Möglicherweise wäre er dann zu einer andern Theorie gekommen. Es wird dem positiven Theil dieser Arbeit aufbehalten bleiben[58]), zu zeigen, wie nahe W. in den Consequenzen mancher seiner Anschauungen der von uns aufzustellenden Ansicht steht.

Noch ohne Anführung näherer Gründe statuirt W. die Subjectlosigkeit der Rechte in der krit. Ueberschau I. a. a. O. S. 186. In der „Actio" S. 234 u. in N. 2 des § 49 seiner Pandekten sucht er die Möglichkeit des Bestehens subjectloser Rechte dadurch[59]) mit dem Rechtsbegriff zu vereinigen, dass er sagt: das Recht ist Wollendürfen und nicht reales Wollen. Dieses Wollendürfen ist etwas Unpersönliches: erst wenn es realisirt, also zu einem Wollen werden soll, bedarf es eines Subjects, und dieses kann dann durch Vertretung beschafft werden. Also nicht das Recht verlangt ein Subject, sondern nur seine Ausübung. — W. gibt zu, dass zum Wollen ein Subject gehört. In den Fällen nun, in denen schon das Wollendürfen ein persönliches ist, bleibt dasselbe Subject auch für das reale Wollen; wo aber das Wollendürfen unpersönlich ist, soll das Subject für das reale Wollen durch Vertretung beschafft werden. Zur Vertretung gehört nun aber doch entschieden zweierlei; eins, was vertritt, und eins was vertreten wird. Ich kann mir wohl denken, dass ein infans, dessen Willensfähigkeit noch gering ist, vertreten wird durch einen Mann mit voller actueller Willensfähigkeit; dass also das Wollendürfen auf Seiten des Kindes, das reale Wollen auf Seiten des Mannes liegt. Aber es ist eine contradictio in adjecto, ein unmöglicher Gedanke, dass man da vertrete, wo nichts vorliegt, was vertreten werden kann.

---

[58]) cfr. § 35.
[59]) S. dagegen auch Jhering i. d. Jahrb. f. Dogm. Bd. X. S. 390. 391.

Das Wollendürfen steht nach W. Niemanden zu, weil es ja unpersönlich ist, will ich also hier Vertreter sein, so vertrete ich eben Niemanden, kann also gar nicht vertreten.

Was heisst es überhaupt: das Wollendürfen ist unpersönlich? „Dürfen" an sich ohne ein Subject, das darf, ist eine ganz inhaltlose Kategorie, ein gehalt- und gestaltloser Begriff[60]). Und wenn ich auch dieses Dürfen etwas mehr inhaltlich färbe, dadurch, dass ich sage: „Wollendürfen", so bleibt auch dies Dürfen immer noch eine ganz todte Abstraction daraus, dass A oder B oder ... Z wollen darf. Nicht einmal philosophisch betrachtet hat der Begriff des Dürfens eine Existenz, wie sie etwa der Begriff „des sittlichen Müssens" hat. Denn das Recht geht seinem Wesen nach auf concrete menschliche Verhältnisse, weil es ja eben die Ausprägung des Sittengesetzes in den Lebensverhältnissen, die Materialisirung idealer Kategorien sein soll. Das Dürfen hat also nur für concrete Verhältnisse in concreter Bestimmtheit Bedeutung; es ist ein Begriff, der erst vermöge des objectiven Rechts für die Rechtsverhältnisse des Lebens und nur für diese existirt; er gewinnt daher erst in dem Moment Leben, wo ihm ein Subject (und ein Object; siehe die positive Darstellung in § 21) gegeben wird; erst dann fängt er wirklich zu existiren an. Sowie es kein „Schwer" gibt, das nicht irgend einem Dinge als Qualität zukommt, so wenig gibt es ein Dürfen, das nicht irgend einem Subjecte zukommt[61]).

Wenn nun so aus logischen Gründen die Möglichkeit eines unpersönlichen Wollendürfens zu leugnen ist, so können

---

[60]) Vgl. Unger in d. krit. Ueberschau VI. S. 160. Kuntze i. d. Heidelberger krit. Ztschft. Bd. V. S. 360. Brinz Pandekten S. 990.

[61]) Unger l. c. S. 160.

die beiden Gründe, die W. noch für sich anführt, natürlich nichts verschlagen. Ausserdem sind sie auch nicht stichhaltig, wie Böhlau und Unger treffend nachgewiesen haben.

a. Erstens führt W.[62] für sich die Rechtsfähigkeit actuell willensunfähiger Rechtssubjecte an, bei denen ja auch das reale Wollen durch Vertretung beschafft werde. Dies beweist aber garnichts. Bei den infantes, furiosi etc. sind beide Stücke vorhanden, der nur potentiell willensfähige Vertretene und der actuell willensfähige Vertreter. Der Erstere darf wollen, der Zweite will für ihn, mit seiner oder des Gesetzes Zustimmung. Ganz anders, wo Jemand vertreten werden soll, der garnicht da ist, wie es W. für das unpersönliche Wollendürfen will. (Vgl. unten die Kritik der Bekker'schen Ansicht).

b. Seinen zweiten Grund nimmt W.[63] aus der accidentiellen Natur des Rechtssubjects her. Er sagt nämlich: Das Recht bleibt dasselbe, wem es auch zusteht; ein bestimmtes Rechtssubject ist ihm also nicht wesentlich; folglich ist ihm gar keins wesentlich. Böhlau's und Unger's Kritik dieses Arguments ist so evident, dass wir nichts hinzuzufügen brauchen. Welches Subject da sei, ist gleichgültig; dass eins da sei, aber nothwendig. Und auch diese behauptete Substantialität des Rechts ist nur eine relative. Denn vom Standpunkt des Rechtssubjects kann ich mit ganz derselben Wahrheit sagen: das Rechtssubject ist das Substantielle, die Rechte das Accidentielle; denn das Rechtssubject bleibt immer dasselbe, wie die Rechte auch wechseln mögen, die ihm zustehen. Ebenso vom Standpunkt des

---

[62] In der krit. Ueberschau VI. S. 219. Dagegen Böhlau l. c. S. 5 u. Wächter Handbuch II. § 34.

[63] Actio S. 235. Dagegen Unger l. c. S. 160. u. Böhlau S. 5.

Rechtsobjects: das Rechtsobject ist das Substantielle, die an ihm zustehenden Rechte und das Rechtssubject sind accidentiell. Denn das Rechtsobject bleibt immer dasselbe, wie die Rechte auch wechseln mögen, die an ihm zustehen. Sowie nun das Rechtssubject, das gar keine Rechte hat, kein Rechtssubject mehr, sondern ein rechtloses Subject, sowie ferner das Rechtsobject, an dem gar keine Rechte zustehen, kein Rechtsobject mehr, sondern ein rechtloses Object (s. die Anm.) ist: so ist auch das Recht, das keinem Subject zusteht, kein Recht, sondern ein Nichtrecht, ein Nichts.

§ 8. 4. Eine andere Argumentation bringt Köppen[65]) in seiner Abhandlung „die Erbschaft" (1856) für die Subjectlosigkeit der Rechte vor. Er fundirt seine Begründung auf den unleugbar richtigen Satz[66]), dass das Recht im subjectiven Sinne zwar eine Herrschaft, aber keine factische, sondern nur eine ideelle sei. Die factische Herrschaft nun existire allerdings durch die perpetuelle physische Macht ihres Subjects und müsse daher mit dessen Tode untergehen. Die ideelle Macht aber existire[67]) „durch die Continuität der juristischen Thatsachen, an welche das positive Recht eines Volks die Entstehung der verschiedenen Rechte knüpft",

---

Anmerkung: Man darf gegen diese Behauptung nicht die res nullius anführen; denn an diesen finden allerdings Rechte statt, z. B. das Recht, dass Niemand diese res ausschliesslich benutzen darf. Dies ist ein mir zustehendes Recht, das in den meisten Fällen auch klagend verfolgt werden kann. Man denke an die römischen Popularactionen[64]).

64) cfr. Jhering Geist d. r. R. III., 1. S. 329. 334 ff.
65) Die Erbschaft bes. S. 9. ff. S. 164. Dagegen Unger l. c. S. 161—166. Jhering Jahrbüch. f. Dogmatik. X. S. 390. 391. Randa l. c. S. 2.
66) Köppen l. c. S. 11.
67) Köppen l. c. S. 11. 164. und scheinbar auch Windscheid Actio S. 235 i. d. M.

könne daher auch nicht durch den Tod des Subjects untergehen[68]), sondern höchstens könne ihre Ausübung suspendirt werden, weil diese eine factische Macht verlange.

Man stehe jetzt einen Augenblick still und frage sich: was soll denn nun eigentlich bewiesen werden? Doch dies, dass eine rechtliche, ideale Herrschaft ohne Subject nicht bestehen kann[69])! Dies war Thesis, und dies hat Köppen zur Voraussetzung gemacht, denn er sagt: Recht ist ideelle Herrschaft, nun existirt aber die ideelle Herrschaft nicht durch die perpetuelle Macht ihres Subjects. Ja, das fragt sich eben! Herrschaft ist Herrschaft, und setzt ein Herrschendes voraus, gleichviel, ob sie ideelle oder factische Herrschaft ist. Die factische Herrschaft setzt ein factisch Herrschendes, die ideelle Herrschaft ein ideell Herrschendes voraus. Man mag sich winden und wenden, soviel man will: der Fundamentalsatz, dass jedes Recht ein Subject haben muss, bleibt mit eherner Nothwendigkeit stehen. Das Argument des ununterbrochenen Fortwirkens der Entstehungsgründe (in klarer deutscher Rechtssprache „Continuität der juristischen Thatsachen" genannt!) trifft garnicht zu. Denn durch den Wegfall des Subjects ohne Eintritt eines neuen wird eben diese „Continuität" unterbrochen. So gut wie ein Recht durch Dereliction untergeht, muss es auch durch jene grosse Dereliction alles Irdischen, durch den Tod untergehen, wenn hier das positive Recht nicht hilft. Mir scheint dies unbestreitbar. Uebrigens spielt auch bei Köppen im Hintergrund jener Windscheid'sche Schluss aus der Accidentialität des Subjects auf seine Entbehrlichkeit mit, ein Schluss, der oben zurückgewiesen ist.

---

[68]) Köppen l. c. S. 12.
[69]) So auch Unger l. c. S. 164.

§ 9. 5. Mit viel wuchtigeren Streichen hat sich Brinz[70]) an sein Zerstörungswerk gemacht. Seine Lehre wird häufig falsch dargestellt, und erscheint dadurch oberflächlich und leicht widerlegbar. Er versucht nicht, wie Windscheid und Köppen, wenigstens den Schein zu retten, als stünde die Statuirung subjectloser Rechte in Einklang mit dem Rechtsbegriff; weit entfernt davon, dass er die begrifflich völlig unhaltbare These aufstellt, dass es Eigenthum, Obligationen etc. ohne Subject geben könne, betont er vielmehr mit grösster Schärfe den Satz[71]): „Das Eigenthum mit allem, was darauf und daran ist (res, jura in re) und sein factisches Ebenbild (possessio), ferner die Obligatio, soweit sie eine Verpflichtung bedeutet, nebst der entsprechenden Forderung — sind ohne eine Person, der sie zustehen oder obliegen, in Wahrheit so wenig denkbar, als das Ich und das Mein, das Dürfen und das Können, das Sollen und das Müssen".

Hiervon überzeugt, scheut sich Brinz denn nicht, offen mit allen Traditionen zu brechen. Alles Bekannte hinter sich lassend, ringt er auf selbsteigen gewählter Bahn nach neuen Gesichtspunkten.

Wir erkennen aber von vornherein das Fruchtlose seines Unternehmens. Denn wir halten es nicht etwa für ein Resultat empirischer Beobachtung, dass jedes Recht ein Subject haben muss, sondern wir erkennen diesen Satz an als einen in dem Kernpunkt der Philosophie begründeten. Es ist ein Fundamentalsatz der Logik wie der materialen Philosophie, dass ein Causalwerden eine Verbindung zwischen Subject und Object ist; wir können uns unserer geistigen Structur, Kant würde sagen: unsern in uns liegenden apriorischen

---

[70]) Lehrbuch der Pandekten I. 1857. S. XI. Bd. II. 1868. S. 979—1150.
[71]) Pandekten S. 990.

Kategorien nach das Causalwerden nur so denken, dass etwas causal wird[72]). Ein Causalwerden, mithin auch ein „Sein" überhaupt ohne etwas, was da causal wird oder ist, das ist für uns absolut unmöglich zu denken. Ich verstehe hier das „Causalwerden" im weitesten Sinne, nämlich als gleichbedeutend mit dem leicht zu Verwirrungen führenden Wort „Sein", insofern nämlich jedes „Sein" an sich in soweit ein Causalwerden ist, als es alles Uebrige von sich ausschliesst. — Es gibt also kein Causalwerden ohne das, was causal wird; kein Sein in diesem Sinne ohne das, was ist. So gibt es auch kein Recht ohne einen Berechtigten.

Wir wenden uns jetzt zu Brinz' Ansicht zurück. Brinz verwirft, wie wir sahen, den Gedanken eines Eigenthums ohne Eigenthümer vollständig. Nun sagt er aber weiter[73]): alle jene oben angeführten Rechte seien Bestandtheile des Personenvermögens, dessen Wesenheit in dem ad aliquem pertinere bestehe. Neben diesem gebe es nun aber noch ein andersartiges Vermögen, das ad aliquid pertinet, das von ihm sogenannte Zweckvermögen. Dieses könne, weil es eben Zweckvermögen sei, also ausschliesslich, ohne durch Privatwillkür beherrscht zu sein, einem Zweck diene, seinem Begriff nach gar kein Subject haben. Denn hätte es ein Subject, so würde es ja eben Personen- und nicht Zweckvermögen sein. Dieses Zweckvermögen bestehe nun aus lauter Rechten, welche den Rechten des Personenvermögens parallel liefen, aber ihrem Begriffe nach kein Subject verlangten. Wie z. B. das Eigenthum im Personenvermögen ein ejus esse sei, so sei das correspondirende Zweckrecht ein pertinere ad aliquid; und es sei eigentlich richtig

---

[72]) Vgl. unten § 21.
[73]) Pandekten S. 990.

gewesen, sowie man für das ejus esse den Namen „dominium", „Eigenthum" erfand, so nun auch für das correspondirende Zweckvermögensrecht einen eigenen Namen zu erfinden. Nur die Passivobligation sei beiden Vermögensarten gemeinsam; alle übrigen Rechte aber seien von den im Personenvermögen befindlichen Rechten ihrer Natur nach verschieden; und zwar bestünde diese Verschiedenheit darin, dass ein Recht des Personenvermögens ein Subject, ein Recht des Zweckvermögens aber einen Zweck verlange, dem es „zuständig" sei. Das deutsche Recht sei nun [74]) in diese Begriffsausprägung wirklich, besonders im Lehenrechte, eingetreten; das römische Recht aber habe diesen „der Wahrheit und Wirklichkeit entsprechenden Weg" nicht eingeschlagen, sondern habe das Zweckvermögen immer dermassen behandelt, als ob es Personenvermögen sei, und zwar nicht durch das blosse Mittel der Fiction, als gehöre es einer Person (wie Böhlau will), sondern durch das Mittel der Personification [75]), d. h. dadurch, dass es das Vermögen selbst als Person anerkannte.

Bis hierher ist Brinz' Entwickelung folgerecht und klar. Sehr auffallend ist aber eine Bemerkung [76]), die er ganz ausser dem Zusammenhang plötzlich macht, dass nämlich die Activrechte des Zweckvermögens auch Befugniss und Macht wären, und deshalb „einer Person sein" müssten. Das Zweckvermögen gehöre dieser Person für den Zweck. Diese Sätze sind mit seiner Zweckvermögenstheorie schlechterdings nicht in principielle Zusammengehörigkeit zu bringen. Aber auch der oben referirten, folgerechten Deduction ist auf das Ent-

---

[74]) Pand. S. 992. 997.
[75]) Pand. S. 994.
[76]) Pand. S. 991 unten.—992 oben.

schiedenste zu widersprechen. Was heisst es vor Allem „einem Zweck gehören"? Welchen Zwecken ein Vermögen dient, ist eine quaestio facti und absolut nicht bestimmend für die rechtliche Natur des Vermögens. Auch das einem einzelnen Menschen gehörige Vermögen dient Zwecken[77]), und diese Zwecke sind, wenn auch nicht namentlich von vornherein bestimmt, so doch dadurch determinirt, dass sie sämmtlich Zwecke dieser Person sind. Wie[78]) das Personenvermögen den Zwecken seines Subjects dient, so dient das von Brinz sogenannte Zweckvermögen den Zwecken des seinigen, welche nur gemäss der in der positiven Darstellung zu entwickelnden Natur dieses ihres Subjects das Besondere haben, von vornherein in individueller Bestimmtheit festgestellt zu sein. — Ganz unabhängig aber von der Frage, welchen Zwecken ein Vermögen diene, ist die Frage, welches Subject es habe; und darum ist Brinz' Parallelisirung des pertinere ad aliquem und ad aliquid eigentlich nichts als ein Wortspiel, entstanden aus dem zufälligen Gleichlaut der ganz verschiedenes bedeutenden lateinischen Wendungen „pertinere ad aliquem und ad aliquid". — Brinz erkennt selbst den Satz „kein Recht ohne Subject" in seiner Unverbrüchlichkeit an (s. o.); auch durch die complicirtesten Bewegungen ist es ihm nicht gelungen, denselben zu umgehen.

§. 10[79]). 6. „Entfernt man sich einmal von dieser Grundidee des Rechts, die in dem Satz, dass lediglich der Mensch der Destinatär, das Bestimmungssubject der Rechte ist,

---

[77]) So auch Böhlau l. c. S. 6—7.
[78]) Vgl. Windscheid Pand. § 57. Note 10 a. E.
[79]) Bekker in seinem u. Muthers Jahrbuch des gem. d. Rechts. Bd. I. bes. S. 296—306. 1857. id. in Goldschmidts Ztschft für Handelsrecht Bd. IV. S. 499—567 „Zweckvermögen" 1861. id. in d. Jahrb. f. Dogm. Bd. XII. S. 1—135 „Zur Lehre vom Rechtssubject". 1872.

ihren Ausdruck findet, so findet der Unfug mit dem Personificiren gar keine Grenze mehr[80]". Wie schnell ist dieses Wort Jherings in Erfüllung gegangen; schon sollen Möpse und Katzen, Häuser und Bildsäulen[81], Geniesser von Rechten werden, und also gleichberechtigt neben die Menschen treten. Ja noch mehr; schon wird verlangt, dass Namens des Hühnerhundes Tiras und der englischen Stute Bellona bei Gericht geklagt werden könne[82]. Ich bezeichne hiermit denjenigen Punkt, der im Detail soviel Scharfsinniges enthaltenden Arbeit von Bekker „zur Lehre vom Rechtssubject[83]", wo man versucht ist, die ganze Untersuchung eher für einen guten mit der gehörigen ernsten Maske durchgeführten Scherz, denn für eine ernsthafte Forschung anzusehen. Und doch gelangt Bekker zu diesen seinen Resultaten auf ganz consequentem Wege. Indem er nämlich die Beziehung des Rechts auf den Willen leugnet, wirft er den Begriff des Subjects als durchgreifenden Erfordernisses für ein Recht über Bord, statuirt also in unserem Sinne subjectlose Rechte und sieht nur darauf, wer die Verfügung und wer den Genuss des Rechts hat. Er constatirt demgemäss Zweckvermögen, über die gewisse Menschen in bestimmten Grenzen verfügen dürfen, deren Geniesser aber irgend etwas anderes, Mensch oder Thier oder Sache im engern Sinne ist. Diese Zweckvermögen können im Eigenthum einer Person stehen (abhängige Zweckvermögen) oder für sich allein (unabhängige Zweckvermögen), was garnichts ausmacht.

Wir wollen davon absehen, dass die Consequenzen, zu

---

[80] Geist d. röm. Rechts III., 1. S. 331.
[81] S. Bekker i. d. Jahrb. XII. S. 26.
[82] ib. S. 27.
[83] In Jherings dogm. Jahrb. XII. S. 1—135.

denen Bekker kommt, wahrhaft haarsträubende und entschieden „contra bonos mores" (ib. S. 29) sind. Nach seiner Theorie dürfen wir uns nämlich nicht wundern, wenn wir nächstens im Tageblatt als Actionäre irgend einer Gesellschaft den Geheimrath A., den Mops Schnauzerl und die Fontänen im Schwanenteich aufgeführt lesen, oder wenn wir eine Zeugenvorladung in Sachen der Stute Bellona contra den Pferdeknecht X. erhalten. Wir sagen, abgesehen davon ist Bekkers ganze Ausführung hinfällig, sobald es uns gelingt, sein erstes Argument zu entkräften, dass nämlich das Recht unmöglich auf den Willen gestellt sein könne.

Schon 1857 erklärte Bekker in einer Untersuchung über die Geldpapiere[84]) diese Papiere selbst als die Berechtigten an welche die Rechte angeknüpft seien, und sagte[85]), nach heutigem gemeinen Recht scheine ihm die Annahme nicht haltbar zu sein, dass nur Personen und nicht auch Sachen Träger von Rechten sein könnten. Er kommt zu diesem Satz dadurch, dass er die Natur der Rechte als Ausflüsse des Willens bestreitet[86]), weil ja auch Rechte der juristisch und factisch jedes Willens entbehrenden Menschen längst allgemein anerkannt seien. Zu einem unumwundenen Fortwerfen des Subjects als eines nothwendigen Erfordernisses für das Recht kommt er noch nicht; er will sich das höchstens „gefallen lassen"[87]).

Da kommt Brinz und wirft sein Donnerwort vom Zweckvermögen in die Welt, das er an die Stelle der Vogelscheuche, juristische Person genannt, setzt. Bekker setzt sich sofort

---

[84]) in seinem und Muthers Jahrb. I. bes. S. 296—306.
[85]) ib. S. 298.
[86]) ib. S. 299.
[87]) ib. S. 305.

„in Unterhandlung" mit ihm. Den Ausdruck „Zweckvermögen" adoptirt er ohne Weiteres, gibt ihm aber eine grössere Dehnbarkeit durch den fruchtbaren Gedanken eines „abhängigen Zweckvermögens". In seinem Aufsatz über Zweckvermögen (1861)[88]) nämlich erkennt er „Complexe von Werthstücken an, die nicht sowol durch die Person, an der sie haften, als durch den Zweck, dem sie dienen, zusammengehalten werden[89]). Diese Person, (das Rechtssubject,) ist etwas ganz unwesentliches und kann deshalb auch fehlen. Wo sie fehlt, da liegen Stiftungen vor[90]), welche unabhängige Zweckvermögen sind. Diesen den „althergebrachten charakteristischen Namen einer juristischen Person abzusprechen", hält Bekker für keine unvermeidliche Consequenz seiner Auffassung.

Eine neue Anregung zur tieferen Durchbildung seiner Gedanken bekam Bekker durch das Erscheinen des dritten Bandes (erste Abtheilung) von Jherings Geist des römischen Rechts. Auch Jhering verwirft in §. 60—61 die fundamentale Beziehung des Rechtsbegriffs auf den Willen, indem er dasselbe Argument wie Bekker, nämlich die Rechtsfähigkeit actuell willensunfähiger Menschen für sich anführt; und stellt denjenigen als Rechtssubject hin, der den Genuss des Rechts hat und in diesem rechtlich geschützt ist[91]): „Recht ist Selbstschutz des Interesses". — Auf diesen Gedanken baute Bekker nun weiter, und indem er nun, was Jhering selbst gewiss sehr fern liegt zu thun, Brinz'sche Behauptungen mit Jhering'schen Sätzen beweist, kommt er zu folgender Argu-

---

[88]) in Goldschmidts Ztschft. f. Handelsrecht IV. S. 499—567.
[89]) ib. S. 499.
[90]) ib. S. 535.
[91]) Geist d. r. Rechts III, 1. S. 328.

mentation; die er in dem neuesten Heft der Jahrbücher für Dogmatik niedergelegt hat[92]):

Rechtssubject[93], so sagt man, ist derjenige, dessen Willen sich in der Rechtsausübung verwirklicht. Diese Antwort ist ihrer Substanz nach nicht aufrecht zu erhalten, weil infantes, Wahnsinnige, Abwesende, Verschollene und Verschwender Subjecte von Rechten sind, obgleich ihr Wille nicht massgebend für die Ausübung der ihnen zuständigen Rechte ist· Folglich ist die Rechtssubjectivität nicht vom Wollen abhängig. Rechtssubject ist vielmehr das, was mit dem Recht in solchen Beziehungen steht, welche die Verfügung über das Recht verleihen, so dass die Verfügung entweder unbedingt an dem Rechtssubject haftet, oder an einem von dem Rechtssubject bestimmten Anderen oder an einem durch das Verhältniss zu ihm nach fester Regel bestimmten Anderen. Rechtssubject ist also, was die Verfügung verleiht, nicht was die Verfügung hat. So ist z. B. das Inhaberpapier selbst das Subject der an es geknüpften Rechte, weil das Papier die Verfügung über die Inhaberpapierforderung verleiht, scil. dem, der das Papier hat. Aber das „Verfügung geben" ist blos eine Seite der Rechtsbethätigung, die andere ist der Genuss aus dem Recht[94]). Wie nun Verfügung und Genuss sich zu einander verhalten, damit beschäftigt sich die ganze folgende Bekker'sche Arbeit, aber ohne dass ein festes Endergebniss erzielt würde, was Bekker selbst S. 127 zusteht. Er hat den Zweifel nicht gelöst, ob, wenn Verfügung und Genuss auseinanderfallen, das erstere oder das letztere für die Rechtssubjectivität massgebend sei. — Schon

---

[92]) Jahrb. für Dogm. XII. S. 1—135.
[93]) ib. S. 9. cfr. auch in Muthers Jahrb. S. 299.
[94]) Jahrb. f. Dogm. XII. S. 10. 14. 15.

oben bei der Besprechung der Windscheid'schen Ansicht ist auf das Argument eingegangen, welches Bekker zum Ausgangspunkt seiner Untersuchung macht. In der That ist dasselbe nicht so leicht zu entkräften, so dass sogar einer der neueren Rechtsphilosophen[95]) die Rechtsfähigkeit eines Kindes etc. rein als positive Gesetzesbestimmung darstellt. — Ist denn aber das Kind u. s. w. wirklich willensunfähig? Was fehlt ihm? Doch nur die Fähigkeit, seinen Willen juristisch wirksam zu realisiren! es ist actuell willensunfähig; die Potenz des Willens dagegen wohnt ihm bei. Und da das Recht ein Wollendürfen, also eine rein passive Qualität ist, so braucht es auch nur eine potentielle Willensfähigkeit als Trägerin des Rechts[96]). Ich sehe keinen Grund ein, warum für diese potentielle Willensfähigkeit nicht durch Vertretung die actuelle Seite soll ergänzt werden können. Ausübung eines Rechts setzt actuelle, Haben eines Rechts nur potentielle Willensfähigkeit voraus. Recht ist aber nicht, dass ein Subject etwas wolle, sondern dass es etwas wollen dürfe[97]). Dies ist der Grund, warum auch Kinder u. s. w. rechtsfähig sind. Mit diesem Satze fällt aber Bekkers ganze Theorie dahin.

Es sei hier noch bemerkt, dass mir Bekkers Gedanke eines abhängigen Zweckvermögens, also eines für einen besonderen Zweck zusammengeschlossenen und von dem übrigen Vermögen abgeschlossenen Sondervermögens einer Person sehr fruchtbar scheint, um viele Gestaltungen des modernen Verkehrslebens, besonders im Handelsrecht zu

---

[95]) Ad. Helfferich die Kategorien des Rechts S. 8 bei Jhering. Geist III, 1 S. 312 citatus.
[96]) Wächter, Handbuch II. §. 34.
[97]) S. oben S. 36.

erklären. Dass dies aber etwas für die Frage nach der Rechtssubjectivität völlig Gleichgültiges ist, liegt auf der Hand. Denn wenn ich auch in meinem Vermögen gewisse Complexe von Werthstücken zur Realisirung eines gewissen Zwecks absondere und zusammenschliesse, so bleiben sie doch immer noch meine Rechte.

Wir sind in der Besprechung der Bekker'schen Theorie vielfach auf Jhering'sche Gedanken gestossen. Bekker sagt[98]: es sei ihm ganz gleichgültig und mehr eine Differenz im Namen als in der Sache, ob man bei der ruhenden Erbschaft, Stiftung und Corporation die einzelnen vorhandenen Vermögensstücke oder den Zweck, den Gedanken, oder bei der Corporation die physischen Corporationsglieder als Verfügungsgeber, mithin Rechtssubjecte ansehen wolle. Für Bekker kann dies gleichgültig sein, weil es ihm eben auf das ankommt, was Verfügung und Genuss hat. Den Geniesser nun macht Jhering zum Rechtssubject. Anknüpfend an die Kritik der Bekker'schen Ansichten wollen wir es nun versuchen, Jherings Theorie zu widerlegen.

B. Jherings Ansicht.

§. 11.[99] 1. Es klingt fast wie Vermessenheit, wenn man es unternimmt, auf wenigen Seiten Jherings auf das schärfste und geistvollste durchgearbeitete allgemeine Theorie der Rechte zu kritisiren. Eine erschöpfende Widerlegung würde zu weit führen. Wir müssen uns darauf beschränken, in

---

[98] i. d. Jahrb. f. Dogm. XII. S. 13.
[99] Jhering, Geist d. röm. Rechts III, 1. §. 60. 61, bes. S. 209—213. 330—339. Gegen Jhering auch Windscheid Pand. § 49, N. 2. a. E., Brinz Pand. S. 984—985 u. Randa Arch. f. Wechselrecht XV. S. 339—341.

flüchtigen Umrissen Jherings Theorie zu skizziren und zu kritisiren.

Jhering stellt sich dadurch schroff allen oben besprochenen Ansichten entgegen, dass er, wie schon bemerkt, von der Grundidee ausgeht: nur wirkliche Personen können Rechtssubjecte sein [100]. Er verwirft deshalb die Theorie der fingirten Personen sowohl wie die der subjectlosen Rechte, (obgleich er sich hier nicht ganz treu bleibt, siehe unten bei der Besprechung seiner Ansicht über die hereditas jacens), und bemüht sich demzufolge für Corporation und Stiftung wirkliche Personen als Rechtssubjecte zu finden. Nun leugnet er aber aus demselben Grunde wie Bekker die fundamentale Beziehung des Rechts zum Willen, und sagt vielmehr, es komme darauf an, wer den Genuss des Rechts habe. Den Genuss bei der Corporation und Stiftung haben nun die Corporationsmitglieder und die Stiftungsinteressenten. Diese sind die Destinatäre und als solche die Bestimmungssubjecte der, der Corporation und der Stiftung zugeschriebenen Rechte [101]. — Ich berufe mich hier auf das, was in dem vorigen Paragraph gegen Bekker gesagt ist. Wer der Destinatär eines Rechts sei, das ist eine quaestio facti, wer das Rechtssubject sei, eine quaestio juris. Das Rechtssubject ist in gewissem Sinne allerdings immer auch Destinatär seiner Rechte, weil es stets denjenigen Genuss seiner Rechte hat, den Jhering [102] den idealen oder juristischen Genuss nennt, nämlich die „unentgeltliche Dahingabe an Individuen oder gemeinnützige Zwecke". Nun, wenn schon ein solch idealer Genuss Kriterium des Rechtssubjects ist, dann ist ja ganz entschieden die Corporation selbst und die Stiftung das

---

[100] Geist d. röm. Rechts III. I. S. 331.
[101] ib. S. 331. 333. 334.
[102] ib. S. 325.

Rechtssubject; denn sie erwerben unmittelbar für sich selbst, um dann die erworbenen Rechte Anderen (den Destinatären) zu Gute kommen zu lassen, oder eigne Bedürfnisse damit zu bestreiten. Dass jede Corporation und Stiftung solche hat, ist doch nicht zu leugnen, z. B. Verwaltungskosten. Wie der sorgsame Hausvater unmittelbar für sich erwirbt, also auch Destinatär seiner Rechte ist, in Wirklichkeit aber doch seine Kinder die wahren Bestimmungspunkte der von ihm erworbenen Rechte sind: so ist auch die Corporation und Stiftung unmittelbar selbst Destinatär, und nur die Form ihres Genusses der Rechte besteht darin, dass sie dieselben Andern zu Gute kommen lässt.

Es ist ferner gegen Jhering einzuwenden, dass der Begriff des Genusses ein ganz relativer und durchaus nicht fähig ist, als allgemeiner Massstab zu gelten. Denn wer den wahren Genuss hat, das ist eben eine quaestio facti und müsste immer erst im concreten Falle beantwortet werden Dem Mangelhaften seiner Definition, Rechtssubject sei, wer den Genuss des Rechts habe [103]), sucht nun Jhering dadurch nachzuhelfen, dass er hinzusetzt: vorausgesetzt, dass dieser Genuss durch Klagen schützbar sei [104]). Dies ist aber doch eine ganz äusserliche und formale Bestimmung; denn der Schutz der Rechte ist erst ein Ausfluss ihrer Natur, eine Consequenz, die in den Begriff selbst nicht hineingehört. Ausserdem ist aber auch nicht nach dieser Definition es möglich anzunehmen, dass die einzelnen Interessenten der Stiftung etc. die Rechtssubjecte sind; denn wenn sie auch den Genuss haben, so ist derselbe doch durch sie gar nicht oder nur bedingt mittels Klage verfolgbar. Wird z. B. der

---

[103]) ib. a. a. O. S. 514.
[104]) ib. S. 527 f.

Stiftung etwas gestohlen, so hat durchaus nicht jeder Stiftungsinteressent die condictio furtiva gegen den Dieb, sondern nur die Stiftung als solche, d. h. in Gestalt ihrer Vertreter.

Ueber diese und ähnliche Schwierigkeiten nun hilft sich Jhering dadurch hinweg, dass er sagt [105]), aus Utilitätsrücksichten und der Bequemlichkeit halber könnten die Destinatäre nach aussen zusammen als collective Einheit auftreten, was sie kraft positiver Gesetzesbestimmung dürften; sie figurirten nach aussen hin als Einheit. Jhering sieht hierbei nicht, dass auch er wieder fingirt. Während die Personificationstheorie sagt: in der That ist kein Subject da; wir fingiren aber, dass die Gemeinschaft und Stiftung das Rechtssubject sei, sagt Jhering: in der That sind die einzelnen Interessenten und Mitglieder die Rechtssubjecte; wir fingiren aber, dass die Gemeinschaft und Stiftung das Rechtssubject sei. Er vollzieht also mit dem Worte „Figuriren" die Fiction, der er gern ausweichen will.

Wohin kommt nun aber Jhering practisch? der materiale Unterschied zwischen Corporation und Societät existirt natürlich für ihn gar nicht: und wenn der Unterschied blos der formale ist, dass die erstere nach aussen als collective Einheit figuriren darf, die letztere nicht, wie will er dann alle jene tief eingreifenden Verschiedenheiten in der rechtlichen Behandlung, z. B. in Bezug auf die Haftung der Einzelnen bei der Societät und bei der Corporation erklären? Das kann er nicht! Sein Princip ist also ein unfruchtbares.

Ueberhaupt sei noch Folgendes bemerkt: dass, wie Jhering will, die einzelnen Interessenten die wahren Subjecte für die Rechte der sog. juristischen Personen seien, ist ein

---

[105]) ib. S. 210.

Satz, der geschichtlich wie thatsächlich unrichtig ist. Denn die ganze Rechtsentwicklung zeigt, wie immer mehr und mehr der Einzelne als Träger der Rechte der Gesammtheit zurückgetreten ist; und unser positives Recht spricht dieses Negative fortwährend aus, dass keiner der Interessenten ein Recht habe. Dieses Negative ist Thatsache, und fällt somit gar nicht in den Bereich unseres Streits. Es soll ja eben beantwortet werden, wie diese Thatsache mit den Rechtsprincipien in Einklang zu bringen ist.

Im Allgemeinen bleibt gegen die Jhering'sche ganze Theorie der Natur der Rechte ein Haupteinwand übrig, nämlich der, dass Jhering die Einheit des Rechts ausser Augen lässt. Wenn seine Genuss-Theorie überhaupt anwendbar ist, so ist sie es jedenfalls nur im Privatrecht, das es ja mit rein materiellen Interessen zu thun hat. Wo aber höhere sittliche Interessen in's Spiel kommen, da verschwindet jener Genussbegriff sofort, und das Recht zeigt sich wieder in seiner reinen Willensgestalt. Es wäre ein leichtes, dies näher auszuführen; doch ist hier nicht der Platz dazu. S. aber § 13 i. d. M.

§ 12. 2. Ganz anders nun construirt Jhering[106] die ruhende Erbschaft in seiner, soviel mir bekannt, neuesten Arbeit, nämlich durch ein Princip, das er als für die ganze Rechtswissenschaft grundlegend neu aufgefunden zu haben glaubt. Dies Gesetz ist das Princip der passiven Wirkungen der Rechte. Jhering sagt nämlich, das Recht selbst könne in Folge des einstweiligen Mangels eines Subjects fortgefallen sein, obgleich die Wirkungen, die dasselbe auf andere Personen oder Sachen übe, noch fortbestünden[107]. Oder es könnten

---

[106] i. d. Jahrb. f. Dogm. X. a. a. O. S. 416 ff.
[107] ib. S. 395.

schon Wirkungen eines Rechts statuirt werden, obwohl das Recht selbst noch im Entstehen begriffen sei.

So seien nun auch bei der ruhenden Erbschaft das Subject derselben und mithin die Rechte desselben allerdings fortgefallen; die passiven Wirkungen derselben blieben jedoch bestehen, d. h. die Gebundenheit des Vermögens dauere fort, weil ja der Rechtszweck noch nicht erreicht sei, und so würde die ruhende Erbschaft bis zum Eintritt des Erben in die leere Subjectsstelle als Ganzes zusammengehalten.

Es würde uns zu weit führen und würde Stoff genug für eine eigene Arbeit sein, wenn wir Jherings mit gewohnter glänzender Schärfe durchgeführte und mit einer Menge von Einzelsätzen belegte Ansicht im Einzelnen bekämpfen wollten. Es wird aber der folgenden Darstellung aufbehalten bleiben, zu zeigen, wie Jhering zu dieser ebenso wie zu der vorigen Theorie nur durch eine unrichtige Prämisse gekommen ist, welche sich auch bei der Fictionstheorie und der Theorie der subjectlosen Rechte findet. Diese unrichtige Prämisse nun wird vermieden von der letzten Theorie, die wir im Folgenden zu besprechen haben.

C. Die germanistische Theorie.

§ 13. 1. Auf dem Wege, der unsers Erachtens der richtige ist, gehen viele der neueren Germanisten und auch einige Romanisten vor. Sie fechten den Satz an: Subject der Rechte ist nur der Mensch. Lässt sich nämlich ein wirklich reales Subject für ruhende Erbschaft, Stiftung und Corporation finden, so wird man weder zur Fiction noch zur Annahme subjectloser Rechte noch dazu gedrängt, die einzelnen Destinatäre als Rechtssubjecte anzusehen.

Zuerst von Beseler 1835, 1843, 1847, 1866, dann ihm folgend von Bluntschli 1853, 1859, und von Kuntze, besonders 1859, endlich in neuerer Zeit von Baron 1863, Salkowski 1863 und Lasson 1871 ist in Folge der genaueren Durchforschung der deutschen Rechtsentwicklung, insbesondere des genossenschaftlichen Gedankens in derselben der Satz aufgestellt, die sogenannte juristische Person sei keine fingirte, sondern eine wahre, wirkliche Person, ebenso wirklich wie der Mensch selbst. Weil Beseler und Bluntschli diese Ansicht zuerst aufgestellt haben und zwar zu derselben in Folge germanistischer Studien gekommen sind, haben wir für die zu kritisirenden Ansichten den umfassenden Namen der „germanistischen Theorie" gewählt, obschon auf Baron und Salkowski diese Bezeichnung nicht passt.

Dieses deutschrechtliche ist jedoch nicht das einzige erzeugende Moment für die darzustellende Theorie gewesen. Die eine Hälfte ihrer Nahrung sog dieselbe zwar aus der geschichtlichen Betrachtung des deutschen Rechts; die andere aber entnahm sie aus der tieferen, durch unsere grossen Philosophen angebahnten Erkenntniss des Staatsbegriffs. Daher die merkwürdige Thatsache, dass Bluntschli seine Argumente fast alle nur für den Staat aufführt, und dass Lasson, der neueste Vertreter der germanistischen Richtung, zu seiner Theorie auf dem Wege einer Untersuchung über das Wesen der Staaten und ihr Verhältniss zu einander kommt.—

Es lässt sich nun nicht leugnen, dass von den angeführten Gelehrten der tief greifende Unterschied zwischen den sogenannten öffentlichen Corporationen und den Privatcorporationen in unserm Sinne nicht genug hervorgehoben ist. Dies ist aber nur geschehen aus dem Gefühl einer berechtigten Reaction gegen die ausschliesslich privatrechtliche

Behandlungsweise unserer Frage durch alle oben aufgeführten Theorien. Ein Hauptmangel nämlich aller obigen Erklärungsarten [108] ist der, dass sie die Einheitlichkeit des Rechtsbegriffs ausser Acht lassen. Das Recht ist nur eins. Wo es sich um ein aus seinem Wesen hervorgehendes Erforderniss handelt, dürfen keine Theorien aufgestellt werden, die, wenn überhaupt, so nur auf dem Gebiete des Privatrechts Anwendung finden können und für das öffentliche Recht völlig unbrauchbar sind. Wer die Corporationen als Rechtssubjecte leugnet und ihre Rechtscomplexe subjectlose nennt, leugnet consequenterweise auch die Persönlichkeit des Staats. Es wäre ein Leichtes, die Unrichtigkeit jener Theorien dadurch zu erweisen, dass man die Unmöglichkeit ihrer Consequenzen für das öffentliche Recht aufzeigte.

Die Anhänger der germanistischen Ansicht [109] betonen den dargelegten Gesichtspunkt ausdrücklich. In der That scheint es unmöglich, den Staat zu begreifen und zu würdigen, wenn man ihn als Fiction hinstellt oder seine Persönlichkeit unumwunden leugnet. Dies geschieht auch selten [110]. Zwar sträubt man sich noch vielfach, ihn unmittelbar als Person anzuerkennen. Aber die zwingende Gewalt der Wahrheit wirkt unbewusst darauf hin, dass der Staat überall wissenschaftlich so behandelt wird, als sei er Person. Ja, Anhänger einer Fictionstheorie scheuen sich nicht, für den Staat alles das zuzugestehen, was wir auf die Corporationen überhaupt ausdehnen wollen.

---

[108] cf. z. B. Demelius i. d. Jahrb. f. Dogmatik. IV. S. 131.
[109] So Beseler, System S. 233 Volksrecht S. 173. Kuntze, Heidelb. krit. Ztschrft. V. S. 360 oben. Bluntschli, Privatrecht S. 108. Baron l. c. S. 11. Lasson l. c. S. 123.
[110] cfr. Bluntschli, krit. V.-J.-Schrift. B. I. S. 496.

Der Grund jedoch, warum die Theorie der Germanisten sich keine weitere Anerkennung in der Wissenschaft errungen hat, liegt in der grossen Unzulänglichkeit der Begründung und theilweise in der ungenügenden Scheidung des Stoffes. Denn weit entfernt davon, aus der Natur der Sache heraus positiv die Realität der sogenannten juristischen Personen zu beweisen, stellt man eine Menge allgemeiner Sätze, zum Theil in emphatischer Weise nebeneinander, leider alles Behauptungen ohne zureichende Beweise.

§ 14. 2. Beseler[111]) insbesondere unterscheidet noch nicht Stiftung und Corporation[112]). Indem er beide noch zusammen betrachtet, parallelisirt er sie mit dem Staat und vindicirt diesem wie jenem ein organisches Leben. Schon in den Erbverträgen findet sich diese Auffassung, aber nur ganz andeutungsweise. Er stützt sich darauf, dass der Staat einzelnen Substraten die Persönlichkeit nicht habe verleihen können, weil er ja selbst, wenn er Fiction wäre, die Persönlichkeit irgend woher habe bekommen müssen[113]).

§ 15. 3. Ebenso Bluntschli[114]), der so anthropomorphisirend vorgeht, dass es scheint, als halte er den Staat für ein körperliches Wesen. Er nennt ihn nämlich „Verkörperung des männlichen Gesammtwesens"; er spricht von der einheitlichen (Volks-)Seele, die in ihm lebe; er nennt ihn weiter einen „organischen innerlich lebendigen Körper".

---

[111]) Die Lehre von den Erbverträgen Bd. I. 1835. Volksrecht und Juristenrecht 1843. System des gem. d. Privatrechts 1. Aufl. 1847. 2. Aufl. 1866.
[112]) Volksrecht S. 173. System S. 235 ff.
[113]) Volksrecht l. c. System S. 236. I.
[114]) Deutsches Privatrecht Bd. I. bes. S. 110. 1853. in d. krit V.-J.-Schrift I. S. 321—345. u. 481—508. bes. S. 494—500. 1859. Gegen ihn Brinz Pandekten S. 983.

Er definirt Person als ein Wesen, „das einen ihm eigenen Willen hat und Organe besitzt, durch die es „„spricht"", d. h. hier seinen Rechtswillen äussert". „Der Staat ist aber ein Wesen, das einen eigenen Willen (Volkswillen, Staatswillen) hat, und welches Organe besitzt, durch die es den Rechtswillen ausspricht". Schliesslich allerdings sagt er, der Staat sei kein „Naturwesen", sondern eine „Culturperson".[115])

Ueberzeugende Beweise sind dies nicht, sondern nur wenig präcise Behauptungen. Auf die übrigen sogenannten juristischen Personen, dehnt nun Bluntschli[116]) seine Theorie in wenigen Sätzen aus, die ebenfalls durchaus keinen Beweis enthalten. Wo sollte auch er sowohl wie Beseler denselben hernehmen, da sie ja die sämmtlichen juristischen Personen noch zusammen betrachten und mit einer einheitlichen Theorie dieselben zu behandeln denken?

§ 16. 4. Den letzten Fehler vermeidet Kuntze[117]), indem er die Corporationen für unfingirte wirkliche Realitäten, andere sogenannte juristische Personen aber für fingirte Personen erklärt[118]). Wie er es mit den Stiftungen halten will, das übergeht er einmal mit Stillschweigen, ein andermal (in Goldschmidt's Zeitschrift l. c.) gibt er allerdings Andeutungen, denen unsere im positiven Theil darzulegende Auffassung ziemlich nahe kommt.

Im Ganzen suchen wir auch hier wieder vergebens nach einem grundlegenden einheitlichen Princip, das zum Beweise

---

[115]) Krit. V.-J.-Schrift I. S. 497 unten. S. 496 unten. S. 497 oben. S. 499. S. 500.
[116]) Deutsches Privatrecht I. S. 110.
[117]) In d. Heidelberger krit. Ztschrft V. S. 359—362. 1859. In Goldschmidt's Ztschrft für Handelsrecht. IV. bes. S. 189 ff. 1863. Gegen ihn auch Unger krit Ueberschau VI. S. 157. 158. und Brinz Pand. S. 983.
[118]) Krit. Ztschrift V. S. 361.

dienen könnte; und es ist den an die strenge durchsichtige Logik des römischen Rechts gewöhnten Romanisten nicht zu verargen, wenn sie sich bisher bei der doch immerhin practisch ausreichenden technischen Lösung durch Fiction begnügen und sich nicht zu einer Theorie bekennen, die noch so sehr im Dunkeln tastet.

§ 17. 5. Dennoch thut dies ein Romanist, Baron[119]. Er geht fast ganz mit Bluntschli's Gedanken vor. Zwar unterscheidet er Stiftung und Corporation ganz streng[120]. Wie es aber mit der Stiftung zu halten sei, das sagt er nicht. Er versucht das wahre Dasein der Persönlichkeit bei den Corporationen wie Bluntschli aus dem Grunde zu beweisen, dass es, wäre der Staat keine wahre Person, kein Völkerrecht und kein Staatsrecht geben könnte, und schliesst aus der geschichtlichen Entwicklung der Corporationen auf die Naturnothwendigkeit derselben[121]. Endlich vindicirt er dem Volk einen Charakter und einen Willen, den er als Staatswillen anerkennt. Baron kommt schliesslich sogar dazu, dass er der Corporation einen natürlichen Körper zuspricht[122]. — Uebrigens hat sich Baron in seinen 1872 erschienenen „Pandekten" § 17 und § 29 ff., ohne seiner früheren Ansicht zu gedenken, wieder für die Personificationstheorie ausgesprochen.

§ 18. 6. Aehnlich wie Baron fasst Salkowski[123] das Wesen der Corporationen auf. Seine Theorie ist aber trotz

---

[119] Die Gesammtrechtsverhältnisse im röm. Recht. 1863. § 1. Gegen ihn Witte in Goldschmidt's Ztschrft f. Handelsrecht VIII S. 10—11.
[120] Baron l. c. S. 9 unten—10 oben.
[121] ib. S. 7 unten—8 oben.
[122] ib. a. a. O. S. 12.
[123] „Bemerkungen zur Lehre v. d. jurist. Personen bes. § 2. 1863. Gegen ihn Windscheid Pand. § 58. N. 3 § 59 N. 3a. Witte bei Goldschmidt VIII. S. 10—11 u. besonders Laband ib. Bd. VII. S. 181—184.

mancher werthvoller Gesichtspunkte, die sie enthält, ganz unmöglich und auch von Salkowski selbst garnicht bewiesen. S. erklärt für das Rechtsubject „die Gesammtheit aller jeweiligen Mitglieder als collective Einheit gedacht [124]", oder „die einzelnen der Corporation angehörigen physischen Personen, aber nur in ihrer Eigenschaft als Glieder der Corporation [125]". Er sagt, dieses von ihm aufgestellte Rechtssubject sei kein fingirtes, sondern ein natürliches: ich meine aber das Gegentheil. Denn S. sagt ja selbst: als collective Einheit gedacht. Ferner ist gegen S. zu bemerken, dass ein Mensch, „in seiner Eigenschaft als Corporationsmitglied" auch nur eine unnatürliche Abstraction ist; und ein sich aus solchen unnatürlichen Abstractionen, d. h. aus physischen Rechtssubjecten, sofern diese die und die Eigenschaft haben, zusammensetzendes Rechtssubject kann darum nie eine Realität, sondern immer nur eine ganz willkürliche Gedankenschöpfung sein [126]). Uebrigens scheint S. mit diesem durch Zusammensetzung entstehenden Rechtssubject das Richtige dunkel gefühlt zu haben. (S. die positive Darstellung.) Ueber die pia corpora, die Stiftungen, gibt S. keine Aufklärung [127]).

§ 19. 7. Zum Schluss sei noch der ganz vorzüglich klaren und übersichtlichen Darstellung der Lehre über die Natur der sogenannten juristischen Personen Erwähnung gethan, die in neuester Zeit Lasson [128]), ein Nichtjurist, im germanistischen Sinne gegeben hat. Aber so nahe er auch in den Resultaten der u. E. richtigen Auffassung kommt,

---

[124]) l. c. S. 4.
[125]) ib. S. 9.
[126]) Laband l. c S. 183—184.
[127]) Laband ib. i. f.
[128]) Princip und Zukunft des Völkerrechts. 1871. bes. S. 122—140 „der Begriff der moralischen Person und die Staatspersönlichkeit".

so müssen wir doch dem Wege, auf dem er zu ihnen gelangt, im Einzelnen auf das entschiedenste widersprechen. Er erklärt unmittelbar jeden gemeinsamen Zweck für eine, wie er sie nennt, moralische Person [129]). Dieser Zweck bekommt Persönlichkeit dadurch, dass Menschen ihm ihre Intelligenz und ihr physisches Vermögen zu Gebote stellen [130]). Es ist offenbar, wie wenig juristisch zureichend diese Erklärung ist. Denn durch Vertretung kann nie eine Qualität ergänzt werden, die der Vertretene selbst nothwendig haben muss, um Rechtssubject zu sein. Wäre das möglich, so wäre ja plötzlich jede Schranke durchbrochen; dann würde schliesslich Alles dasjenige, dem irgendwie die Intelligenz und das physische Vermögen einzelner Menschen dient, zum Rechtssubject erklärt werden können. Wo kommt aber ferner der Wille her, der doch das Wesen des Rechtssubjects ausmacht? Lasson identificirt in nicht genügend motivirter Weise Willen und Zweck (S. 127), während doch der Zweck nicht das Wollende selbst, sondern das Gewollte ist. Die tiefere Begründung für seine Ansicht hat auch Lasson nicht gegeben. Auch er stellt noch Stiftung und Corporation unter einheitliche Grundsätze (S. 128), und zeigt damit, dass er den Grund, warum die Corporation wahres Rechtssubject und warum es die Stiftung ist, nicht genügend erkannt hat. Wir werden übrigens in der folgenden positiven Darstellung noch mehrfach Gelegenheit haben, Lasson's treffliche Arbeit anzuführen.

§ 20. 8. Aus dem Allen ist ersichtlich, wie sehr in den Anfängen noch die germanistische Theorie steckt. Weniger auf dem Wege klarer begrifflicher Forschung, als

---

[129]) Lasson l. c. a. a. O. S. 129.
[130]) ib. a. a. O. S. 127 unten.

durch einen gewissen Tact geleitet, ist sie auf die u. E. richtige Bahn gekommen. Jedenfalls hat Beseler immer das Verdienst, die deutsche Wissenschaft zuerst auf die einfache und doch so wenig beachtete Lösung unseres Problems aufmerksam gemacht zu haben, durch die man allen Schwierigkeiten entgeht, dass nämlich die Corporation ein wirkliches Rechtssubject und kein blos fingirtes ist. Freilich ist es ganz verkehrt, sie ein „natürliches" zu nennen, wie man es vielfach thut, da „natürlich" als stricte Uebersetzung von „physisch" doch soviel als „körperlich" bedeutet, Körperlichkeit aber eine Eigenschaft ist, die den sogenannten juristischen Personen auf das Entschiedenste abgesprochen werden muss; ja, deren Abwesenheit gerade das eigenthümliche Wesen nicht nur der ruhenden Erbschaft und der Stiftungen, sondern auch der Corporationen ausmacht.

Das grundlegende Princip nun, durch welches die Realität der Corporation und der übrigen sogenannten juristischen Personen als Rechtssubjecte sich ergibt, ist von der germanistischen Theorie noch nicht entdeckt. Es aufzufinden und seine Existenz zu beweisen, dazu soll die folgende positive Darstellung dienen. Möge es uns gelingen, durch die folgende constructive Entwicklung die destructive Kritik, die bis jetzt in Bezug auf die fremden Ansichten gegeben ist, zu ergänzen, zu bestätigen und zu erläutern.

Capitel III.
Positive Darstellung.
Abschnitt I.
Welches ist die Natur der sog. juristischen Personen?
A. Das Rechtssubject überhaupt.
1. Kein Recht ohne Subject.

§ 21. Recht im subjectiven Sinne ist [131]) eine vom Recht im objectiven Sinn verliehene rechtliche Macht, d. h. ein mit objectiver Geltung ausgestattetes Wollendürfen. Wollendürfen an sich ist aber, wie wir oben gezeigt haben, eine ganz inhaltlose Kategorie. Es ist eine Grundform des Denkens, dass es kein Prädicat an sich gibt, sondern dass in der Welt der Wirklichkeiten (nicht der Abstractionen) ein Prädicat immer nur insofern existirt, als es irgend einem Subject zukommt. Selbst das einfachste Prädicat, das „Sein, esse", hat nur insofern für die wirkliche Welt Wahrheit, als es von irgend etwas ausgesagt wird.

Nun ist aber ein Recht im subjectiven Sinne nicht eine blosse Abstraction, sondern ein in den Lebensverhältnissen causal werdendes Etwas. Es bekommt mithin seine Wirklichkeit

---

[131]) Wächter Pandekten Vorlesungen. § 1. a. E. Windscheid Pandekten § 37.

erst dadurch, dass hinzugesetzt wird, wer berechtigt ist, wer also wollen darf. Dasjenige Wesen, welches wollen darf, ist das Subject des Rechts im subjectiven Sinne. Ein Recht im subjectiven Sinne kann also erst in dem Moment existent werden, wo es sich mit einem Subject verbindet. Und auch dies ist noch nicht genügend: denn wie es kein Recht ohne Subject gibt, so gibt es auch kein Recht ohne Object; d. h. dazu, dass ein Recht zur Existenz komme, ist ferner nothwendig, dass ein Gegenstand da sei, auf den sich eben die von der Rechtsordnung verliehene Macht erstrecken soll, in Bezug auf den also gewollt werden darf. Mithin ist Recht im subjectiven Sinne das, was ein Subject nach der Vorschrift des objectiven Rechts in Bezug auf ein Object mit objectiver Geltung wollen darf. Dieses „das, was gewollt werden darf", also dieser erlaubte Willensinhalt ist der Inhalt oder die Substanz eines Rechts in subjectiven Sinn.

Hiernach sind die wesentlichen Bestandtheile eines subjectiven Rechts folgende:

a) **Subject des Rechts**: das, was wollen darf.

b) **Object des Rechts**: das, in Bezug worauf gewollt werden darf.

c) **Inhalt oder Substanz des Rechts**: das, was gewollt werden darf.

Wesen dieser Substanz des Rechts ist, dass sie eine rechtliche Verbindung zwischen dem Subject und dem Object herstellt, indem sie das Verhältniss bestimmt, in welchem das Subject rechtlich zum Object stehen darf.

Beim Niessbrauch ist z. B. der Niessbraucher das Subject, das Grundstück, an dem der Niessbrauch etwa stattfindet, das Object; Inhalt des Rechts ist, sämmtliche Früchte ziehen etc. zu dürfen.

Keines dieser drei Stücke darf fehlen, ohne dass das Recht selbst fortfällt; daher

 a) Kein Recht ohne Subject,
 b) Kein Recht ohne Object,
 c) Kein Recht ohne Inhalt.

Von diesen drei Bestandtheilen des Rechts haben wir den ersten, das Rechtssubject zu untersuchen; wir haben den allgemeinen Theil der Lehre vom Rechtssubject aufzustellen.

2. Wer ist Rechtssubject?

§ 22. Zwei Erfordernisse gehören dazu, um Rechtssubject zu werden: erstens die Fähigkeit es zu sein, d. h. diejenige Qualität[132]), kraft welcher allein es möglich ist, Subject von Rechten zu sein, innere oder subjective Rechtsfähigkeit, und zweitens eine Vorschrift des positiven Rechts welche diese Qualität anerkennt, also der innern und subjectiven Rechtsfähigkeit ihre objective äussere Seite, ihre concrete Wirklichkeit gibt. Verwirklichen sich beide Erfordernisse zur selben Zeit in einem Wesen, so ist dasselbe unmittelbar dadurch Rechtssubject, d. h. es erwirbt sofort die allgemeinen Rechte, die jedem Rechtssubject als solchem zustehen und es erwirbt ferner die Möglichkeit, andere besondere Rechte sich zu erwerben.

Keins der beiden Erfordernisse, die subjective Seite so wenig wie die objective darf fehlen. Wenn nicht beide vorhanden sind, kann kein Wesen Rechtssubject werden. Da-

---

[132]) Vgl. § 23.

durch, dass ein Wesen die **Fähigkeit** hat, Rechtssubject zu sein, dadurch ist es in Wirklichkeit noch kein Rechtssubject. Es ist erst Rechtssubject, wenn seine Fähigkeit es zu sein vom Recht im objectiven Sinn anerkannt ist. Jene Qualität nun, an welche überhaupt erst durch das positive Recht die objective Rechtsfähigkeit geknüpft werden kann, heisst **Persönlichkeit**. Die vom objectiven Recht anerkannte Persönlichkeit heisst Rechtsfähigkeit. Rechtsfähigkeit ist die Eigenschaft, **Rechtssubject** zu sein. Die Differenz der Ausdrücke „Rechtsfähigkeit" und „Rechtssubject", deren ersterer nur die Möglichkeit, deren letzterer aber schon die Thatsache, dass ein Wesen Rechte hat, ausspricht, erklärt sich daraus, dass der Ausdruck „Rechtssubject" darauf geht, dass ein Wesen sofort durch Zusammentreffen der beiden oben dargestellten Erfordernisse Rechte erwirbt. Der Ausdruck „Rechtsfähigkeit" bezieht sich aber darauf, dass das betreffende Wesen nun auch die Fähigkeit hat, durch eigene Handlungen alle andern, ihm nicht von selbst zustehenden Rechte zu erwerben und in jeder andern Weise rechtlich wirksam zu werden.

Die Persönlichkeit ist also die reale Grundlage der Rechtsfähigkeit. Dass nun aber jede Persönlichkeit vom Recht im objectiven Sinne anerkannt und dadurch zur Rechtsfähigkeit werde, ist nur eine Forderung der Ethik und nicht der Logik. Eine Forderung der Ethik ist es darum, weil ja die Persönlichkeit das einzige innere Erforderniss der Rechtsfähigkeit bildet. Das positive Recht hat aber dieser Forderung nicht immer gehorcht, indem z. B. das römische Recht dem Sclaven, obwohl er die Persönlichkeit, d. h. die reale Grundlage der Rechtsfähigkeit hatte, doch thatsächlich die Rechtsfähigkeit versagte, damit also seine Persönlichkeit leugnete und demgemäss sagte: servi personam non habentes oder ἀπρόσωποι [133]).

Wie es aber eine Forderung der Ethik ist, dass jedes von Natur aus persönliche Wesen auch rechtsfähig sei, so ist es eine Forderung unumstösslichster Logik, dass jedes rechtsfähige Wesen auch in Wirklichkeit die Bedingungen der Persönlichkeit in sich trage. Daher kann ein Wesen, das in Wahrheit keine Persönlichkeit hat, dadurch, dass das positive Recht seine Persönlichkeit fingirt und ihm in Folge dessen Rechtsfähigkeit gibt, nie ein rechtsfähiges Wesen und als solches juristisch wirksam werden. Es liegt eben nicht in der Macht der Fiction, thatsächliche Mängel zu ersetzen. Dies der Grund, warum u. E. die Personificationstheorie als Construction zu verwerfen ist.

Für die ganze Behandlung der vorliegenden Frage ist die schärfste Unterscheidung und Klarstellung der Begriffe Person und Rechtssubject nothwendig. Beide werden häufig mit einander verwechselt oder wenigstens nicht in ihrer juristischen Terminologie richtig gebraucht. Ich wiederhole deshalb noch einmal: **Rechtsfähigkeit** ist das Product zweier Factoren, einer rechtlichen Vorschrift, welche einem Wesen Rechtsfähigkeit beilegt[134]), und der realen Qualität eines Wesens, die es überhaupt erst befähigt, vom Recht als Rechtssubject anerkannt zu werden. Diese reale Qualität habe ich Persönlichkeit genannt, indem ich darin meinem Lehrer Wächter folge, welcher in seinen Pandektenvorlesungen § 22a sagt: „Durch Persönlichkeit bezeichnen wir diejenige Eigenschaft

---

[133]) Nov. Theod. XVII 1 § 2 und Cassiod. var. VI 8 und Theophilus zu § 1 I de hered. instit. 2, 14. zu pr. I de stipul. serv. 3, 17. zu § 3 I quib. mod. obl. toll. 3, 29 bei Windscheid Pandekten § 49 N. 5 citati. Arndts Pandekten § 24 A. 1.

[134]) So auch Puchta kl. civ. Abh. S. 498—499.

eines Wesens, vermöge deren es auf dem Rechtsgebiet als mögliches [und wirkliches (?)] Subject von Rechten anzuerkennen und zu beachten ist. Ein Ausfluss dieser Persönlichkeit ist die Rechtsfähigkeit." Mithin ist die Persönlichkeit keine vom Recht gegebene Qualität, wie Puchta l. c. will, sondern eine in dem betr. Wesen untrennbar liegende. Dass das Recht diese Persönlichkeit rechtlich anerkenne, ist eine Forderung der Ethik, nicht der Logik. Person ist ein Wesen durch sich selbst, Rechtssubject ist eine Person durch das Recht. Sehr gut und kurz definirt daher Unger krit. Ueberschau VI. S. 158: „Rechtsfähigkeit ist die vom Recht anerkannte Persönlichkeit eines Wesens". Nicht ganz corrrect sagt Arndts Pandekten § 24: die Persönlichkeit bestehe darin, dass Jemand als Subject von Rechten anerkannt sei; richtiger in der Anm. 2 des § 24, (krit. Jahrb. VII S. 298): „Ohne Person kein Recht". Richtig auch Windscheid Pandekten § 49. A. 5. Unrichtig Baron Pandekten § 17. Die Römer brauchen den Ausdruck persona folgerecht auch bei solchen, denen das positive Recht die Rechtsfähigkeit versagt hat[135]. — Wortspielend kann man daher sagen: Persönlichkeit ist die Fähigkeit, rechtsfähig zu werden, also die Fähigkeit zur Rechtsfähigkeit.

3. Wer ist Person?

§ 23. Es kommt jetzt darauf an, die Bedingungen aufzustellen, die vorhanden sein müssen, damit ein Wesen Person sei. Und hier ist nun der springende Punkt dieser ganzen Arbeit. Recht ist Wollendürfen. Rechtssubject kann mithin jeder sein, und Person ist jeder, der rechtliche Willens-

---

[135] S. Wächter Pand. Vorlesgn. § 24. Windscheid l. c. cf. auch Arndts l. c. § 24. A. 1.

fähigkeit hat. Mithin ist Willensfähigkeit die einzige nothwendige Qualität eines Wesens, kraft deren es Person ist und Rechtssubject sein kann. Darum sagt Unger[136] sehr gut: „Persönlichkeit ist die Fähigkeit, einen rechtlichen Willen zu haben". Der Satz: „Nur der Mensch ist in Wirklichkeit fähig, Rechtssubject zu sein", ist von den Fictionstheorien, von der Theorie der subjectlosen Rechte und von Jhering als unbewiesene Prämisse vorangestellt; und daher kam es denn, dass die Vertreter aller dieser Ansichten einen Widerspruch zwischen dem Rechtsbegriffe und den rechtlichen Thatsachen zu finden glaubten. Die Richtigkeit dieses Satzes müssen wir nun eben bestreiten. Aus dem Rechtsbegriff folgt derselbe durchaus nicht. Der Rechtsbegriff kennt nur eine nothwendige Voraussetzung für die Persönlichkeit, d. i. die rechtliche Willensfähigkeit (die rechtliche, nicht die blos instinctive, wie sie das Thier z. B. hat). Die Leiblichkeit des Menschen ist für seine Persönlichkeit eine ganz irrelevante Eigenschaft: es kommt auf den wirkenden Willen an, den er hat. Die Leiblichkeit begründet allerdings eine Verschiedenheit in der Ausdehnung der Rechtsfähigkeit, aber nur eine solche, wie sie die Staatsangehörigkeit z. B. auch begründet.

Man darf durchaus nicht, was Jhering thut, einwenden, dass das Recht doch nur der Menschen wegen da sei. Denn dieser Satz ist, correct genommen, nicht genau und verkennt die sittliche Natur des Rechts. Der Werth des Rechts für die Einzelnen steht erst in zweiter Reihe: sein essentieller Zweck ist vielmehr der, die grossen Aufgaben, die dem menschlichen Geschlechte gestellt sind, lösen zu helfen. Das

---

[136] i. d. krit. Ueberschau VI. S. 158.

Recht ist ein wesentlicher Factor dazu, dass die Idee sich zum Bewusstsein durchringe. Denn indem das Recht allererst einen menschenwürdigen Zustand herstellt und die Willkür der Interessen regelt, ebnet es den Boden und gibt die Möglichkeit, dass der Mensch sich seinen über ihn hinausliegenden Interessen zuwende, dass er nicht, in stetem Kampfe auch um sein gesellschaftliches Dasein, um Leben, Freiheit, Ehre, Eigenthum, keine Zeit behalte, dem einzig Realen, der Idee zu dienen und, soviel an ihm ist, mitzuwirken zu dem Befreiungswerke des Geistes, zu dem grossen Process des sich zum Bewusstsein Durchringens, den wir Weltgeschichte, besser Weltentwicklung nennen.

Wir kehren zu dem Ausgangspunkte dieser Untersuchung zurück. Zur Persönlichkeit, so sahen wir, gehört nur rechtliche Willensfähigkeit, nicht auch Leiblichkeit. Diese Persönlichkeit aber muss eine wirkliche, reale, keine blos fingirte sein, als welche nie ausreicht, ein in Wahrheit willensunfähiges Wesen zur Person zu stempeln.

Diesen Willen überall da aufzusuchen und ihm in seinen verschiedenartigen Formen nachzuspüren, wo man geglaubt hat, von subjectlosen Rechten oder fingirten Personen oder collectiven Einheiten sprechen zu müssen, ist die Aufgabe der nun folgenden Abschnitte.

Ich behalte dabei die Eintheilung der sogenannten juristischen Personen nach ihrem Substrat bei, eine Eintheilung, die sich durch die verschiedene Weise der Lösung, welche für jede einzelne Classe gegeben werden soll, rechtfertigen wird.

B. Insbesondere ruhende Erbschaft und Stiftung.

§ 24. 1. Die ruhende Erbschaft und Stiftung müssen zusammen behandelt werden gegenüber den Corporationen, weil sich der sie regierende Wille zeigt als der objectivirte Wille eines einzelnen Menschen.

Ruhende Erbschaft, hereditas jacens, wird die Erbschaft vom Augenblick des Todes des Erblassers an bis zum Erwerb derselben durch den Erben genannt. Man hat gemeint, die Erbschaft sei in dieser Zwischenzeit ohne Subject: denn das frühere Subject, der Erblasser, sei ja todt, und das neue noch nicht eingetreten.

Die Stiftung besteht darin, dass ein Rechtssubject einen Theil seiner rechtlichen Herrschaft dazu bestimmt, gewissen ausser ihm liegenden Zwecken zu dienen, nur dass dieser Wille ein unwiderruflicher ist. Auch hier hat man subjectlose Rechte zu finden geglaubt, indem man nämlich sagt, der Stifter habe sich ja seiner rechtlichen Herrschaft zu Gunsten der Stiftung begeben; er sei also nicht mehr Herr: er habe aber auch keinem Dritten die rechtliche Herrschaft übertragen, folglich habe die Stiftung überhaupt keinen Herren.

Für die ruhende Erbschaft sowohl wie für die Stiftung scheint uns die angeführte Argumentation nicht zutreffend, weil sie von dem falschen Satz ausgeht, dass nur der Mensch Rechtssubject sein könne. Es kommt aber nur darauf an, ob ein Wille da ist, von dem die betreffenden Rechte regiert sind, der für sie bestimmend, also Subject ist. Und dieser Wille ist in der That vorhanden, nur allerdings ein eigenthümlich qualificirter Wille.

2. Die ruhende Erbschaft insbesondere.

§ 25. Wir nehmen hier vor Allem den Fall der testamentarischen Erbfolge. Der Erblasser hat hier zu seinen Lebzeiten den Willen ausgesprochen, dass nach seinem Tode die Erbschaft an Den und Den fallen solle. Er hat im Zweifel bis zum Moment seines Todes die Fähigkeit der Selbstbestimmung; er kann also seinen Willen fortwährend ändern. In dem Moment seines Todes aber ist sein Wille in Bezug auf seine Erbschaft ein unveränderlicher geworden; sein Wille hat sich objectivirt. Das positive Recht bestimmt nun, dass dem ausgesprochenen Willen des Erblassers, soweit es sich um den Nachlass handelt, Folge gegeben werden soll. Ob der Erblasser nun noch lebt oder nicht, d. h. ob er noch Leiblichkeit hat oder nicht mehr, bedeutet für den Willen in seinen rechtlichen Wirkungen garnichts. Hier wie dort wird das Vermögen durch einen Willen zusammengehalten, dort allerdings durch einen lebendigen, der sich jeden Augenblick selbst anders bestimmen kann, hier durch einen gleichsam erstarrten, aber doch immer noch wirksamen Willen.

Der Wille des Erblassers wirkt aber nicht blos so fort, dass er das Vermögen zusammenhält, sondern noch in allen möglichen andern Beziehungen: z. B. der Erblasser hat eine Auflage für den Erben gemacht; wenn der Erbe diese nicht erfüllt, soll die Erbschaft an den Staat fallen. Leugnet man nun die Fortwirkung des Willens nach dem Tode des Erblassers, so müsste man auch sagen: die Auflage braucht nicht erfüllt zu werden; denn nach seinem Tode kann der Erblasser überhaupt nicht mehr wollen, also kann er auch die Erfüllung dieser Auflage nicht mehr wollen. Beides ist gleich falsch. Der lebendige veränderungsfähige wirkende Wille ist zu einem zwar objectivirten und unveränderungsfähigen Willen geworden, aber ist immer noch ein wirkender Wille. Durch das positive Recht ist bestimmt, dass allen denjenigen Bestimmungen, welche sich auf die Hinterlassenschaft beziehen, Folge gegeben werden soll. Es erkennt damit die Rechtssubjectivität des Willens an.

Dadurch, dass der Erblasser kein Testament hinterlassen hat, ändert sich die Sache nicht. Hier wird der unvollständige Inhalt des Willens des Erblassers durch das positive Recht kraft einer praesumtio juris et de jure in allgemein giltiger Weise ergänzt, wie ja bei unendlich vielen Rechtsgeschäften das positive Recht eine mangelnde Willensbestimmung dadurch ergänzt, dass es seine vorher aufgestellten Normen eintreten lässt. — Unsere Auffassung der ruhenden Erbschaft findet einen formelhaften Ausdruck in den Rechtssprichwörtern: der Todte erbt den Lebendigen; le mort saisit le vif.

§ 26. 3. Bei den Stiftungen verhält sich die Sache ganz ähnlich [137]). Der Stifter, der einen Theil seiner Rechte, die bisher seinen Privatzwecken gedient haben, nun für den Dienst gewisser anderer ausser ihm liegender Zwecke bestimmt, die er dadurch auch zu den seinigen macht, bleibt, so lange die Stiftung überhaupt besteht, immer ihr Subject. Er kann einen Theil seiner rechtlichen Herrschaft für die betr. Zwecke so bestimmen, dass er sich dabei nach aussen hin nicht bindet, z. B. er kauft 10 Actien und gelobt sich, jedes Jahr die Zinsen derselben als Stipendium an einen armen Studenten der Jurisprudenz in Leipzig zu geben. Dies ist auch eine Art von Stiftung i. w. S. Oder er stiftet so, dass er etwa sich der juristischen Facultät der Universität Leipzig gegenüber verpflichtet, jährlich die Zinsen der 10 Actien als Stipendium zu geben. Ihm bleibt hier immer noch die Möglichkeit, factisch seine Verpflichtungen nicht zu erfüllen, worauf dann die Facultät eine persönliche Klage gegen ihn hat. Auch dies ist eine Art Stiftung i. w. S.

---

[137]) Unsere Auffassung nähert sich an dieser Stelle der Kuntze's in Goldschmidts Ztschrft Bd. VI. S. 200 ff. 233.

Oder endlich er kann so stiften, dass er ein für alle Mal erklärt, der betr. Theil seines Vermögens solle bei seinen Lebzeiten und nach seinem Tode immer dem und dem bestimmten Zweck dienen, etwa so, dass die Zinsen einem Stipendiaten zu Gute kommen sollen. Dies ist Stiftung i. e. S. Er thut hier nichts anderes, als dass er seinen Willen in Bezug auf das Gestiftete objectivirt; er bestimmt in für ihn bindender Weise, dass die gestifteten Rechte fortan dem Dienst gewisser Zwecke gewidmet und von seiner Privatwillkür unabhängig sein sollen. Er sagt: ich will dies und ich begebe mich des Rechts, meinen Willen in Bezug hierauf zu ändern, d. h. ich begebe mich des Rechts des Widerrufs. Sein Wille in jener Richtung ist also aus einem freien ein gebundener, aus einem veränderungsfähigen ein ein für alle Mal bestimmter geworden; er hat sich, ich möchte sagen, crystallisirt und führt nun sein eignes Leben. Der Stifter hat einen Theil seines Willens ausser sich gesetzt. Dieser Wille ist nun das Subject für die in der Stiftung enthaltenen Rechte; nicht etwa ist der Stifter (oder der Erblasser) das Subject, sondern nur ihr Wille in dieser bestimmten einen Richtung. Es ist ja überhaupt nicht ganz correct, wenn man als denjenigen, der die rechtliche Herrschaft hat, den Menschen als solchen bezeichnet; man müsste genau genommen sagen: sein Wille hat die und die rechtliche Herrschaft. Von einer Herrschaft des ganzen Menschen kann man eigentlich nur beim Besitz sprechen.

Für das bei der Stiftung stattfindende Verhältniss ist eine prägnante Formel folgende: das Wollendürfen des Subjects hat sich in ein Wollenmüssen, besser in ein Nichtanderswollenkönnen verwandelt. Denn das Subject ist der auf diesen einen Zweck gerichtete Wille, der mithin seiner Natur nach immer nur diesen Zweck und nichts anderes wollen kann.

Natürlich ist es wieder Sache des positiven Rechts, diese Persönlichkeit anzuerkennen oder nicht[138]), mithin zu bestimmen, in wie fern eine solche eigenmächtige Objectivation des Willens rechtlichen Bestand und rechtliche Willensfähigkeit haben soll. Es ist nicht unsere Aufgabe, die Bedingungen, die das positive Recht für Errichtung von Stiftungen gestellt hat, näher anzugeben. Nur so viel ist zu sagen: der Zweck muss ein erlaubter sein, der Stifter muss die durch das Gesetz vorgeschriebenen Formalitäten erfüllt haben, und die Stiftung muss in ihrer Individualität genau bestimmt sein, d. h. sie muss in ihren Zwecken, in ihrer Verwaltung und in ihrer Verwendung genau bezeichnet sein. Dies ist die wichtigste Thätigkeit des Stifters und besonders zu beachten. Der Wille, der die Stiftung beherrschend bis zur Aufhebung der Stiftung fortlebt, darf kein blos allgemeiner, sondern muss ein organisirter Stiftungswille sein. Der Stifter bestimmt bei der Stiftung selber die Gesetze, nach denen der Wille zu wollen hat, und den Inhalt, den er zu wollen hat. Er haucht ihm also gleichsam ein eigenes inneres Leben ein. Dadurch wird die Stiftung zur Anstalt. Eine Anstalt ist also ein von einem objectivirten und organisirten Willen beherrschter Rechtscomplex.

Der Wille, welcher sich in der Anstalt zur Erscheinung bringt, ist mithin kein todter, sondern ein sich durchaus fortbewegender und thätiger. Freilich ist er nicht wie im Menschen ein freier, sich nach beständig wechselnder Selbstbestimmung bewegender, sondern ein nach in ihm liegenden

---

[138]) Siehe oben S. 64—66.

ein für alle Mal unveränderlich bestimmten Gesetzen thätiger. Man hat wohl gesagt, es sei das Kriterium der rechtlichen Herrschaft, dass das Rechtssubject die freie Dispositionsbefugniss über seine Rechte habe, und da der Stiftungswille in seinem eben geschilderten Wesen diese nicht mehr habe, so sei er auch nicht fähig, eigenes Rechtssubject zu sein. Wie unzutreffend dieser Einwand ist, zeigt sich darin, dass man z. B. Eigenthümer einer Sache sein und doch nicht die Dispositionsbefugniss über dieselbe haben kann. Zum Schluss ist noch eins zu bemerken: Die Stiftung nimmt nämlich vielfach eine complicirtere Gestalt an, z. B. wenn 10 Leute jeder 100 Thlr. zu einem Stiftungszwecke, etwa einem Stipendium zusammenschiessen. Hier liegen in Wahrheit 10 Stiftungen mit 10 einzelnen Willen als Rechtssubjecten vor. Da diese Willen aber alle identisch sind, so fliessen sie zu einem ununterscheidbaren Willen zusammen. Der Wille A will stricte dasselbe und nach ganz denselben Gesetzen, wie der Wille B. Es liegt also in Wahrheit nur ein Wille vor.

Etwas Aehnliches hat Statt, wenn ich z. B. der Leipziger Juristenfacultät 1000 Thlr. schenke zum Zweck, dass jährlich die Zinsen als Stipendium vertheilt werden sollen, und die Facultät nimmt das Geschenk an. Hier liegt eine Stiftung im weitern Sinne vor, und zwar von Seiten der Facultät. Durch Acceptation des Geschenks macht die Facultät meinen Willen zu dem ihrigen, und stiftet nun ihrerseits das von mir an sie Geschenkte als eine Stiftung in dem weiteren, oben geschilderten Sinne. Gebraucht sie dann die Zinsen nicht in dem von mir gewollten Sinne, so habe ich eine persönliche Klage gegen sie. Das Verhältniss hat sich dann gerade umgedreht. Während ich bei der oben geschilderten Stiftung im weitern Sinne der Facultät versprach, 1000 Thlr. als ein Capital zu gebrauchen, dessen Zinsen einem Stipendiaten zu Gute kommen sollten, und sie demgemäss gegen mich eine Klage auf Erfüllung hatte, so verspricht sie mir hier, die ihr von mir geschenkten 1000 Thlr. als ein Capital zu gebrauchen, dessen Zinsen demselben Stipendiaten zu Gute kommen sollen, und nun habe ich eine Klage gegen die Facultät auf Erfüllung. In beiden Fällen ergibt sich dasselbe Resultat und liegt in Wahrheit nur ein und dasselbe Rechtsgeschäft vor.

Diese wenigen Andeutungen mögen genügen, um zu zeigen, dass der Wille des Stifters Subject sowohl der Stiftung im weitern Sinne als der Stiftung im engern Sinne bleibt.

Die richtige Erkenntniss des Wesens der Stiftung und der ruhenden Erbschaft sowohl wie der Corporation ist vielfach gehindert worden durch eine unjuristische Terminologie. Man fragt sich: „Wem gehört z. B. das Krankenhaus?" Und da scheint denn die Antwort: „dem Willen des Stifters" unmöglich zu sein. „Gehören" ist aber gar kein streng juristischer Begriff; wollte man dieses Wort juristisch brauchen, so würde es dem weiteren Wortsinne nach den Besitz involviren, den natürlich ein Wille für sich selbst ohne Leiblichkeit nicht haben kann. Man muss vielmehr fragen: „Durch welchen Willen ist eine Sache beherrscht? welcher Wille hat die ausschliessende Fähigkeit, in Bezug auf die Sache mit rechtlichen Wirkungen zu wollen?"— —

Wir haben also gesehen, dass in der That keine subjectlosen Rechte bei Erbschaft und Stiftung vorliegen, dass also garkein Grund da ist, ein Rechtssubject durch Fiction zu schaffen. Ob es aber zweckmässig ist, aus technischen Gründen die ruhende Erbschaft und die Stiftung selbst zu personificiren, also, statt des wahren Verhältnisses das andere schon bekannte zu fingiren, dass die ruhende Erbschaft und die Stiftung einer lebendigen Person gehöre: das ist eine practische Frage und wird kurz in § 49 beantwortet werden.

C. Corporationen.
I. Im Allgemeinen.

§ 27. Es ist eine Thatsache, dass eine Vielheit von Personen, die zur Realisirung gewisser Zwecke zusammen wirken, rechtlich so behandelt und im socialen Leben überall so angesehen werden, als sei sie eine Einheit, die mit Willen ausgestattet, und daher fähig sei, Rechtssubject zu sein. Diese Thatsache kann nicht geleugnet werden, wie es Jhering thut. Sie kann auch nicht durch eine Fiction erklärt werden, als welche nie im Stande ist, positive Wahrheiten zu schaffen. Sie kann endlich auch nicht so erklärt werden, dass man sagt, in der That sei nur eine Personenvielheit vorhanden und die derselben zugeschriebenen Rechte seien in Wahrheit subjectlos.

Wenn auch jede der bezeichneten Ansichten im Privatrecht einen gewissen Schein für sich hat, so fällt doch ihre Unzulänglichkeit sofort in die Augen, sobald das öffentliche Recht in den Kreis der Betrachtung hineingezogen wird. Und dass dies geschehe, ist nothwendig. Es gibt nicht zwei ihrem ganzen Begriffe nach ganz verschiedene Rechte, das öffentliche und das Privatrecht, sondern es gibt nur ein einziges Recht von einheitlichen Grundsätzen und einheitlichen leitenden Maximen: das Recht. Dieses einheitliche Recht differenzirt sich dann in fortwährendem Process, zuerst in öffentliches und Privatrecht, jedes dieser beiden Gebiete dann wieder in Unterarten und so fort. Der Rechtsbegriff als solcher ist aber für alle diese Arten ein einheitlicher; die aus ihm als einheitlichem herfliessenden nothwendigen Principien sind einheitliches Eigenthum des öffentlichen und des Privatrechts. Wird daher eine Frage behandelt, die mit dem Begriff des Rechts selbst unmittelbar zusammenhängt, so muss man das Recht als Ganzes betrachten. In dieser Weise muss auch verfahren werden, wenn es sich um das Rechtssubject handelt. Denn das Erforderniss des Rechtssubjects leitet sich unmittelbar aus dem Begriff des Rechts selbst, nicht erst aus dem Begriff des Privatrechts her. Man hat aber vielfach insbesondere bei den Corporationen den Fehler gemacht, Theorien über die Rechtssubjectivität derselben aufzustellen und die Richtigkeit derselben dadurch zu beweisen, dass sie im Privatrecht überall anwendbar seien. Diese Theorien waren dann vielfach auf dem Gebiet des öffentlichen Rechts ganz unbrauchbar und manifestirten dadurch ihre Fehlerhaftigkeit. So auch Windscheid's Theorie, obwohl er in § 57 N. 1 selbst die Wichtigkeit des Begriffes der sogenannten juristischen Personen für das öffentliche Recht anerkennt.

Unsere Aufgabe im Folgenden wird daher sein, für die Corporationen im öffentlichen wie im Privatrecht das Dasein eines Subjectwillens nachzuweisen. In dem nächsten Abschnitt soll dies dadurch geschehen, dass wir das Princip aufstellen, durch welches für die Corporation ein Wille entsteht, und dass wir das Dasein dieses Princips überhaupt inductiv zeigen. In § 44 wird dann nachzuweisen sein, dass unsere Auffassung der Corporationen auch die unbewusste des deutschen Rechts gewesen sei.

II. Theoretische Entwickelung.

Unsere Aufgabe ist hier eine zweifache: wir haben

erstens das betreffende Princip im Allgemeinen aufzustellen und inductiv zu beweisen; wir haben zweitens das Princip auf die Corporationen anzuwenden, und drittens das Wesen derselben im Einzelnen danach zu bestimmen.

1. **Princip der Einheit in der Vielheit im Allgemeinen.**

§ 28. Das Princip, durch welches wir die Frage nach dem Wesen der Corporationen zu lösen gedenken, ist folgendes:

Eine Vielheit von Einzelnen wird, sobald sie organisch geeint wird, zu einer Einheit, die ein ganz neues, von den Einzelnen unterschiedenes, reales und existentes Wesen ist, die aber doch dieselbe Qualität an sich trägt, die die verschiedenen geeinten Einzelnen gemeinsam hatten.

Dies Princip ist eins jener Fundamentalgesetze, die das Leben des Geistes wie der Materie mit Nothwendigkeit beherrschen. Man kann darum Alles, was da ist, auf dieses Princip hin betrachten und dieses Princip in ihm auffinden. Man kann die ganze Welt mit allen ihren Erscheinungen und Vorstellungen als nach diesem Gesetz entstanden und entstehend denken, und man wird dabei nicht falsch verfahren. Freilich wird diese Betrachtungsweise immer eine durchaus einseitige sein; denn neben diesem Werdegesetz der Einheit in der Vielheit wirken noch unendlich viele andere erkannte oder nicht erkannte Principien in der Welt, nach welchen sich der Entwicklungsgang des Geistes wie des Körpers regelt. Das vorliegende Princip aber ist eins der wichtigsten für uns, weil wir es genau verfolgen und feststellen können. In unzählig vielen Fällen ist es allgemein durch Wissenschaft und Lebensauffassung anerkannt;

es soll sub 2) versucht werden, auch die Corporationen als ein nach diesem Princip Gewordenes darzustellen. Das Princip in seiner einfachsten Gestalt ist folgendes: wenn zwei Grössen A und B (wir nennen sie das Substrat) sich ohne weiteres mit einander vereinigen, so bleiben sie beide in ihrer individuellen Bestimmtheit als A und B stehen und ergeben in ihrer Vereinigung nur (A+B). Tritt aber zu den gegebenen Grössen A und B (Substrat) eine einende Kraft (Einungsband) hinzu, so verlieren A und B ihre individuelle Existenz und bilden zusammen eine dritte von A und B verschiedene Grösse C (die Einheit), welche die A und B gemeinsamen Eigenschaften hat. Diese neue Grösse C hat keine blos gedachte, ideale Existenz, sondern eine positive, reale Wirklichkeit. Formel unseres Princips ist also A+B=C im Gegensatz zu A+B=(A+B).

Es sei uns nun erlaubt, die behauptete Wahrheit unseres Princips inductiv zu zeigen. Wir thun dies, indem wir einige frappante Beispiele seiner Anwendung geben.

a. in den Wissenschaften.
α. insbesondere in der Naturwissenschaft.

§ 29. Jeder Körper repräsentirt hier unser Princip. Das Substrat ist die Materie, das Einende die Naturkraft. Man hat oft gesagt, das einfachste Naturproduct, z. B. ein Blatt sei ein Kunstwerk. Dies ist richtig, insofern wir genau die stofflichen Bestandtheile z. B. des Blattes kennen, und doch aus diesen Bestandtheilen das Blatt selbst nie herstellen können, weil eben das Blatt eine durch eine eigenthümliche Naturkraft hervorgebrachte Einheit verschiedener einzelner stofflicher Substanzen ist.

Dass der menschliche Körper etwas anderes ist, als

eine gewisse Quantität Wasserstoff, Sauerstoff, Stickstoff etc., oder auch nur dass er etwas anderes ist, als eine gewisse Menge von Knochen, Blut u. s. w., ist auf den ersten Blick klar. Die Bestandtheile des Körpers, Blut u. s. w. (welche ihrerseits nun wieder Einheiten in der Vielheit repräsentiren und so fort herab bis zu den Atomen) sind die Einzelnen, welche zu einen sind; sie werden geeint durch eine von uns ihrem Wesen nach noch nicht enträthselte sondern nur ihren Wirkungen nach erkannte Kraft; die neuentstehende Einheit ist etwas ihrem Wesen nach von den sie bildenden Einzelnen unterschiedenes, da sie lebendiges Leben in sich trägt. Dass nämlich dieses Leben durch die Harmonie d. h. die Einheit der einzelnen Bestandtheile des Körpers bedingt sei, zeigt die Erfahrungsthatsache, dass das Leben entschwindet, wenn jene Harmonie auf eine gewisse Weise gestört wird. Die neue Einheit, der Körper, ist ferner etwas nicht blos begrifflich, sondern real als Einheit existirendes; sie hat endlich dieselbe Qualität an sich, die die verschiedenen geeinten Einzelnen hatten; nämlich die Eigenschaft, Stoff zu sein. — Noch klarer ist vielleicht das Beispiel der chemischen Zusammensetzung. Das Substrat sind hier zwei chemische Stoffe, das Einende ist die Kraft der Wahlverwandtschaft dieser Stoffe. Niemand wird dem entstehenden neuen Stoff die gleiche Realität bestreiten, welche die geeinten Einzelnen hatten; auch trägt die neue Einheit dieselbe Qualität an sich, die die geeinten Einzelnen hatten, nämlich die, chemischer Stoff zu sein. Alle vier Punkte sind hier unwiderstehlich einleuchtend: Substrat, Einungsband, neu entstehende reale (nicht blos gedachte) Einheit, Gleichheit der Qualität bei der Einheit wie bei den Einzelnen.

Wir haben uns vorsätzlich nur vorsichtig ausgedrückt:

der neue Stoff hat die gleiche Realität wie die Einzelnen; denn ob er und diese überhaupt auf Realität einen Anspruch machen können, das ist eine Frage, die von den verschiedenen philosophischen Systemen verschieden beantwortet wird.

Zum Schluss der Beispiele aus der Naturwissenschaft sei uns noch eine Andeutung darüber erlaubt, dass auch der aus der Naturwissenschaft entnommene Begriff des Organismus, der auf allen Gebieten des Lebens und Denkens so unendlich wichtig ist und doch so dunkel scheint, durch unser Princip seine Erklärung bekommt. Ein Organismus ist eine Einheit vieler durch eine Kraft oder ein Princip geeinter Einzelner. Daher wir oben vergleichsweise von einer organisch geeinten Vielheit sprachen. Wir werden mit dem Begriff des Organismus noch weiter operiren. Schon oben bei der Stiftung sahen wir, dass das Wesen derselben darin besteht, von einem organisirten Willen beherrscht zu sein, dass man die Anstalt darum selbst recht treffend einen Organismus nennen könne. Der organisirte Wille bestand dort aus einer vollkommen harmonischen Einheit aller einzelnen Willensbestimmungen. —

β. In der Philosophie.

§. 30. Auch hier wieder ist unser Princip von fundamentaler Wichtigkeit. Der Begriff ist die Einheit vieler gedachter Einzelner. Die Einzelnen haben hier alle wesentlich die Qualität des „Gedachtseins" an sich, daher auch der Begriff als Einheit derselben nur etwas gedachtes ist. Er ist aber im Felde des Gedankens eine eben so existente Grosse, wie das gedachte Einzelne selbst. Hegels dialektische Selbstbewegung des Begriffs beruht auch auf diesem

Princip, indem sich hier zwei Gegensätze zu einer höhern Einheit zusammenschliessen; das Einende ist hier das dialektische Gesetz [139]).

Eine sehr bezeichnende und instructive Beobachtung unseres Princips findet sich bei Kant [140]), welcher in seiner transcendentalen Aesthetik sagt, $7+5 = 12$ sei ein synthetischer Satz; analytisch sei nur der Satz $7+5 = (7+5)$; 12 sei aber eine ganz neue, von $7+5$ völlig verschiedene eigene existente Grösse. 12 hat natürlich hier nach unserm Princip wieder dieselbe Qualität, wie sie 7 und 5 hatten, nämlich die, Zahl zu sein.

Was ist denn das Denken überhaupt? Jeder Gedanke, den ich habe, setzt sich zusammen aus einer Vielheit einzelner Vorstellungen, und ist doch etwas anderes als diese Vielheit. Die Vielheit ist z. B. Hund, Mann, rasch, laufen. Geeint ergeben diese vier Vorstellungen: der Hund des Mannes läuft rasch. Man wird doch diesem Satz eine Existenz zuschreiben, und man wird doch nicht umhin können, ihn als ein neues von der Summe der vier einzelnen Vorstellungen verschiedenes Ganzes zu betrachten.

Wie wir bei den Naturwissenschaften mit dem Begriff des Organismus geschlossen hatten, so führen wir hier zuletzt den correspondirenden Begriff des „Systems" an. Niemals wird Jemand z. B. ein System des Rechts für eine Vielheit neben einandergestellter einzelner Rechtssätze halten; sondern er wird stets zugeben, dass in dem System die Vielheit der einzelnen Rechtssätze durch ein Gedankenprincip zu einer neuen Einheit geeint sei.

---
[139]) Hegel a. a. O. z. B. i. d. Geschichte der Philosophie I S. 33 - 39 (Werke Bd. XIII.) ed. Michelet.
[140]) Kritik der reinen Vernunft, ed. Kirchmann S. 58.

§ 31. γ. Auch der Theologie ist unser Princip nicht fremd; ich erinnere nur an den Dreieinigkeitsbegriff (ein sehr guter und bezeichnender Ausdruck!) und an das Dogma der gottmenschlichen Natur Christi, über die Nestorius und Eutyches stritten, deren einer meinte, die beiden Naturen bestünden in Christus nebeneinander, gleichsam als wären zwei Bretter auf einander genagelt, deren anderer aber dagegen behauptete, die beiden Naturen hätten sich in Christus zu einer höheren Einheit verbunden, welche die Natur Christi sei [141].

δ. Dass auch die Jurisprudenz sich des aufgestellten Princips bemächtigt hat, darüber s. u. sub d).

b. § 32. In den Künsten

tritt unser Princip wieder als fundamentales hervor. Auch hier wird das Einzelne (Farbe, Töne, Gedanken etc.) geeint nach dem Princip der Schönheit (welches das Einungsband ist) zu einer neu entstehenden Einheit (dem Kunstwerk). Es wäre eine leichte und sehr lohnende Arbeit, unser Princip für die Künste im Einzelnen durchzuführen und seine Zusammengehörigkeit mit den Grundgesetzen der Kunst zu zeigen; doch gestattet dies der Raum nicht. Es sei nur erlaubt, noch ein Wort Lassons anzuführen, der, ohne sich unser Princip zum Bewusstsein zu bringen, doch auch für die Realität eines Kunstwerkes plaidirt [142]:

„Die gewöhnliche Einschränkung des Realitätsbegriffs müsste dahin führen, dass man zwar einem Stück Schwarzbrod die reelle Existenz zuschreibt, weil man es kauen und schlingen kann, aber Schiller's Gedichten und Beethoven's

---

[141] Vgl. Symbolum quicunque 34—35.
[142] Princip und Zukunft des Völkerrechts, S. 128 unten.

Symphonien dieselbe abspricht, weil ja vielmehr immer nur die Schriftzeichen existiren, aus denen der Kundige die dadurch bezeichneten Laute und Wörter oder Töne zusammenzusetzen vermag, deren Aufeinanderfolge Schiller und Beethoven erfunden hat" u. s. w.

Insbesondere ist es höchst interessant und lehrreich nach unserm Princip das Tonsystem zu betrachten.

c. § 33. **Auch im alltäglichen Leben** ist unser Princip überall anerkannt und steht uns stets vor Augen. Es darf nicht trivial klingen, wenn wir hier z. B. an die Vorstellungen „Haus" „Wald" und „Bataillon" erinnern [143]. Dass ein Haus kein blosses Conglomerat von Steinen und Balken etc., dass ferner das Bataillon nicht blos eine Vielheit einzelner Soldaten ist u. s. w., leuchtet von selbst ein. Hier ist das Princip der Ehre, der Treue, des Gehorsams, der Disciplin u. s. w. das Einende; dort sind Balken und Steine etc. innerlich organisirt; das Einungsband ist das nach gewissen Zwecken sich bestimmende, nach einem Plan hergestellte Wie? der Zusammensetzung. Daher spricht man von einem desorganisirten Heere, mit dem man nicht schlagen kann; daher ist ein eingestürztes Haus kein Haus mehr, sondern nur ein Trümmerhaufen, obwohl in beiden Fällen möglicher Weise alles Einzelne unversehrt da ist. —

Diese wenigen Beispiele, die sich auf jedem Gebiet leicht vertausendfachen liessen, mögen genügen, um inductiv zu zeigen, dass die Einheit in der Vielheit kein Gedankending sondern eine Wirklichkeit ist, dass sie mithin keine blos

---

[143] Vgl. auch Windscheid Pand. § 137 N. 3.

gedachte oder fingirte, sondern eine wahre wirkliche reale Existenz hat. Eine natürliche Existenz hat sie allerdings, wenn natürlich gleich physisch genommen wird, nur dann, wenn auch die verschiedenen geeinten Einzelnen eine natürliche Existenz hatten.

d. § 34. In der Jurisprudenz insbesondere kehrt unser Princip noch mehrfach wieder, und zwar hier nicht blos consensu omnium in den practischen Lebensverhältnissen, sondern durch das positive Recht als ein zu Recht bestehendes und wirkendes anerkannt.

α. Der erste dieser Fälle betrifft die Sachgesammtheiten, universitates rerum. Hier werden einzelne körperliche Sachen durch ein im concreten Falle näher zu bestimmendes Einungsband so zusammengefasst, dass die Einheit derselben ein von den einzelnen verschiedenes reales und existentes Wesen ist. — Es ist bestritten, ob das römische Recht hier zu einer Anerkennung der universitas rerum als eigenen Rechtsobjects fortgeschritten sei. Windscheid behauptet dies — Wächter leugnet es [144]. Ueber die Literatur dieser Controverse vergl. Windscheid l. c. Jedenfalls steht das fest [145], dass das römische Recht die Gesammtheit corpus nennt und eine Consequenz unseres Princips in einem Falle sicher zugibt. Dieser betrifft die Vindication einer Heerde und ist ausgesprochen in D. 6, 1. de R. V. l. 3 pr. und l. 1 § 3., wo noch zum Ueberfluss die grex als solche den einzelnen capita gegenüber gestellt wird: sed enim gregem sufficiet ipsum

---

[144] Windscheid Pand. § 137. N. 4. Wächter Vorlesungen § 48. B. id. Erörterungen Heft 1. a. a. O. S. 17. Handbuch des Würt. Privatrechts II. S. 235 ff.

[145] Windscheid l. c N. 3.

nostrum esse, licet singula capita nostra non sint: grex enim, non singula corpora vindicabuntur. Dass, die Sachgesammtheit in der That keine blos gedachte, also fingirte, sondern eine wirkliche reale Existenz hat, geben zu Baron, Warnkönig und Brinz [146], obgleich Puchta [147] diese Ansicht eine seltsame Einbildung nennt [148]).

β. Zweifellos hat unser positives Recht das von uns aufgestellte Princip bei der universitas von Rechten und Verpflichtungen d. h. beim Vermögen anerkannt. Wie nämlich vorher eine Mehrheit von Sachen, so wird hier eine Mehrheit von Rechten in eine neue Einheit zusammengefasst [149]) Auch hier hat unser positives Recht unserm Princip die gebührende practische Folge gegeben durch das Institut der Universalsuccession und durch einige Bestimmungen in Bezug auf die Peculien der Hauskinder.

γ. Der dritte der hierher gehörigen Fälle betrifft eine alte Controverse, die sich nach unserm Princip auf das einfachste löst. Unser Princip wird nun hier merkwürdiger Weise auch von solchen anerkannt, die es in andern Fällen juristisch leugnen, so von Wächter und Windscheid. Das in Rede stehende Institut ist das Eigenthum. Wächter und Windscheid [150]) definiren übereinstimmend, dass das Eigenthum nicht aus der Summe aller in ihm liegenden einzelnen Befugnisse oder Rechte bestehe, sondern dass es die Einheit

---

[146] Baron Gesammtrechtsv. § 2. Warnkönig und Brinz bei Windscheid § 137. N, 4. 3. citati,

[147]) Puchta Vorlesungen § 35.

[148]) Vgl. überhaupt Wächters erste Erörterung und Handbuch II. S. 234—239.

[149]) Windscheid Pand. § 42. Abs. 2 bes. N. 2. Wächter Vorlesungen § 48. B.

[150]) Wächter Vorlesungen § 130. Windscheid Pandekten § 167.

derselben und als solche selbst ein neues Recht sei. Man muss so definiren, weil man sich sonst eine Menge von rechtlichen Erscheinungen nicht erklären könnte. Windscheid[151]) sagt sehr richtig, wenn das Eigenthum das Aggregat, die Summe aller in ihm liegenden Befugnisse wäre, dass dann das Eigenthum in dem Falle nicht vorhanden sein würde, wenn irgend eine dieser Befugnisse dem Eigenthümer nicht zustünde, also z. B. wenn er den Niessbrauch fortgegeben hätte. Unser positives Recht aber und jede gesunde Lebensanschauung erkennt in allen solchen Fällen noch das Eigenthum als völlig unangetastet an, ja selbst dann noch, wenn von den einzelnen Eigenthumsrechten fast alle einem Andern als dem Eigenthümer zustehen, wie es beim Lehen der Fall ist. Darum definirt Wächter: „Das Eigenthum ist die rechtliche Herrschaft über eine Sache", d. h. die rechtliche Herrschaft in der Gesammtheit oder Einheit ihrer Beziehungen, im Gegensatz zu der rechtlichen Herrschaft über die Sache in einer oder mehreren ihrer einzelnen Beziehungen. Das Eigenthum ist mithin die Einheit der Eigenthumsrechte. Diese Einheit kann man nun doch nicht für eine blos gedachte ideelle, für eine Fiction halten, wie man es bei den Sachgesammtheiten und dem Vermögen thut; man würde sonst aller Rechtslogik und der gesunden Jahrtausende hindurch bewährten practischen Auffassung dieses wichtigsten aller Rechte, des Eigenthumrechts geradezu widersprechen. Man muss vielmehr unser Princip in diesem Falle als eine Wirklichkeit zugeben, und dies Geständniss, das man uns in Bezug auf den Eigenthumsbegriff macht, dient uns sehr zur Stärkung, wenn wir unser Princip

---

[151]) Pand. I S. 464.

auch auf andere Rechtsverhältnisse mit vollkommen analoger factischer Grundlage auszudehnen versuchen werden.

Noch sind zwei besondere Fälle der Anwendung unseres Princips hier anzuführen, die zwar nicht in das materielle Recht gehören, aber doch mit dem Recht in nächster Beziehung stehen.

δ. Der eine[152] betrifft die Reception des römischen Rechts in Deutschland, welches, wie fast allgemein zugegeben wird, in complexu recipirt ist, d. h. als ein von der Summe seiner einzelnen Rechtssätze verschiedenes Ganzes. Dies hat die wichtige practische Folge, dass derjenige, welcher einen Satz des römischen Rechts für sich anführt, fundatam intentionem für sich hat, d. h. dass die Anwendbarkeit jedes einzelnen römischen Rechtssatzes im Zweifel präsumirt werden müsse.

ε. Der letzte Fall[153] betrifft den Begriff des gemeinen Rechts. Dasselbe gilt für ein „Rechtsgebiet als Ganzes", welches mithin verschieden ist von der Summe seiner Theile, d. h. dem „ganzen Rechtsgebiet". Daher bleibt das gemeine Recht immer gemeines Recht, wenn auch einzelne Theile des „ganzen Rechtsgebiets" sich dem „Rechtsgebiete als Ganzem" entziehen.

§ 35. Sowie es nun Einheiten von Rechtsobjecten Rechten, Rechtssätzen, Rechtsgebieten gibt: so gibt es auch Einheiten von Rechtssubjecten. Wir haben oben in § 7 gesagt, Windscheid sei nahe daran gewesen, die u. E. richtige Lösung für die Frage nach dem Wesen der Corporationen zu finden. Er gibt nämlich in den oben aufgeführten fünf juristischen Fällen unser Princip meist unumwun-

---
[152] Windscheid Pand. § 2 No. 3, u. N. 1, u. N. 2 bes. No. 2.
[153] Windscheid Pand. § 1 N. 1.

den zu; vor dem Schritt aber, das Princip auch auf die universitas hominum zu übertragen, scheut er plötzlich zurück. Es scheint also, dass Windscheid sich selbst in dieser Hinsicht widerspricht; und um zu zeigen, dass dieser Schein ein Sein ist, wollen wir die einzelnen bezüglichen Stellen anführen. Er sagt:

in § 1. N. 1. „Der Begriff des Ganzen als eines Dinges, welches nicht die Summe, sondern die Einheit seiner Theile ist, ist, wie überhaupt, so auch für die Rechtswissenschaft so ausserordentlich wichtig".

In § 2. N. 2 N°. 1. „Das Ganze ist etwas anderes als die Summe seiner Theile; etwas gilt vom Ganzen deswegen nicht weniger, weil es wegen eines besonderen Grundes von einem oder dem anderen Theil des Ganzen nicht gilt".

In § 167. a. E. . „Jede Einheit hat gegenüber ihren Bestandtheilen ein selbständiges Dasein". — Windscheid wendet diesen Satz auch auf den Eigenthumsbegriff an und sagt: „Das Eigenthum ist nicht die Summe aller an einer Sache denkbaren Rechte, sondern ihre Einheit, d. h. ein anderes Recht, als diese einzelnen Rechte sind". Er spricht sogar noch besonders von der Wesenheit des Eigenthums, die durch das Fehlen einer einzelnen Befugniss nicht angetastet werde.

In § 42. N. 2., wo vom Vermögen die Rede ist: „Der für das Recht höchst wichtige Begriff des Ganzen als dessen, was ein Anderes ist, als die Summe seiner Theile, tritt hier in einer neuen Anwendung auf".

Der zweifelhafte Ausdruck „in Betracht kommen", findet sich schon

in Absatz 2 des § 42. „Das Vermögen kommt im Rechte

nicht blos in Betracht als die Summe, das Aggregat der einzelnen Vermögensrechte einer Person, sondern auch als ihre Gesammtheit, als ihre Einheit, d. h. als ein seinen Theilen gegenüber selbständiges Ganze".

Derselbe zweifelhafte Ausdruck „in Betracht kommen" wiederholt sich:

in § 137. N. 3 a. E. wo es heisst: „Der Ausdruck corpus wird in den Quellen auf die Heerde nur in dem Sinne angewendet, um zu bezeichnen, dass sie eben als Ganzes, d. h. als ein von ihren Bestandtheilen verschiedenes Ding in Betracht komme".

Auch diese beiden Stellen lassen sich noch in dem Sinne verstehn, in dem Windscheid in den zuerst angeführten Stellen spricht, dass er nämlich gegenüber ihren Theilen auch der Einheit als solcher Realität zuspricht. In vollem Widerspruche aber gegen alles frühere steht eine Bemerkung, die er über die Sachgesammtheiten im Allgemeinen macht und ferner seine ganze Lehre von den sogenannten juristischen Personen.

In § 137 N°. 1. erklärt er nämlich die Sachgesammtheiten als die ideellen Zusammenfassungen einer Reihe von einzelnen körperlichen Sachen zu einem als besondere Sache **gedachten Ganzen.** Ebenso

in § 58 N. 5. Dort spricht er wieder von einer **gedachten** Einheit der Corporationsmitglieder. Diese sei das Vermögenssubject, oder, was auf dasselbe hinauskomme, das Vermögen bestehe als subjectloses.

Vgl. auch § 59. N. 1a gegen Bluntschli und Baron.

Am entschiedensten ist:

§ 51 N. 3a. Dort sagt er: „Die Corporationsmitglieder sind Rechtssubject, **gedacht als etwas, was sie nicht sind,** als ihre Einheit". Man vergleiche endlich noch § 57 N°. 1 i. A. und man wird sich von dem behaupteten Widerspruche überzeugen.

Bald spricht er von einer selbständigen Existenz, von einem wirklichen „Sein" des Ganzen als eines andern Dinges wie die Einzelnen waren, bald spricht er von diesem Ganzen nur als einer gedachten, ideellen Einheit; und da er hierdurch für die juristische Person ein Rechtssubject verliert, so muss er seine Zuflucht nehmen zur Annahme subjectloser Rechte; und um diese Annahme dann zu rechtfertigen, muss er jene logisch unhaltbare Theorie des unpersönlichen Wollendürfens vorbringen. Er hatte mit einem Schlage die richtige Ansicht, wenn er nur consequent verfuhr und den Ausdruck, den er etwa in § 167 vom Eigenthum brauchte, analog auf das Rechtssubject übertrug. Wie er also dort sagte: „Die Einheit der einzelnen Rechte ist ein anderes Recht als diese einzelnen Rechte sind", so musste er auch sagen: „Die Einheit der einzelnen Rechtssubjecte ist ein anderes Rechtssubject, als diese einzelnen Rechtssubjecte sind": und das ist eben der Satz, den wir in den nun folgenden Paragraphen darzuthun versuchen werden.

2. **Das Princip der Einheit in der Vielheit angewendet auf die Personeneinheiten überhaupt.**

§ 36. Um unser Princip der Einheit in der Vielheit anwenden zu können, müssen zwei factische Grundlagen da sein: das Substrat, d. h. die zu einenden Einzelnen, und dasjenige was eint, das Einungsband, die einende Kraft.

Nach diesen beiden Grundlagen bestimmt sich die Individualität der neu entstehenden Einheit. Diese hat nun nach unserem Princip folgende Attribute:

1. Sie ist eine existente, reale, wirkliche Grösse.
2. Sie ist etwas anderes als die blosse Summe ihrer Theile.

3. Sie trägt diejenige Qualität an sich, welche die verschiedenen geeinten Einzelnen gemeinsam hatten.

Wir haben also nach der Reihe die Einzelnen, das Einungsband und die Einheit in ihren drei Qualitäten zu untersuchen, und werden schliesslich die Hauptunterscheidungen der einzelnen Personeneinheiten aufzeigen und dadurch Eintheilungen für dieselben gewinnen.

a. Was wird geeint?

Die Einzelnen, die geeint werden sollen, also das Substrat, sind häufig falsch aufgefasst oder wenigstens incorrect bezeichnet worden; und dies hat zu vielen falschen Einwendungen Anlass gegeben.

Das Substrat der Corporation sind nicht einzelne Menschen: es liegt auf der Hand, dass dies eine reine materielle Vorstellung ist, Menschen zu einen, die neben ihrer geistigen doch auch eine stoffliche Existenz haben. Vielmehr werden nur die Willen der Corporationsmitglieder geeint, und zwar nicht die ganzen Willen, sondern nur ihre Willen in einzelnen ihrer gemeinsamen Richtungen und Zwecke oder in einer Gesammtheit derselben.

b. Einungsband.

§ 37. Diese Zwecke oder Zweckgesammtheiten sind nun das Einungsband oder die einende Kraft, durch welche die verschiedenen einzelnen Willen geeint werden. Jedoch reichen diese Zwecke allein nicht aus, eine Einheit zu bilden. Es können z. B. sehr wohl der A. in Heidelberg und der B. in Leipzig den Zweck haben, eine directe Eisenbahn zwischen den beiden genannten Orten zu bauen; A. und B. bilden aber in Bezug auf ihre gemeinsam auf diesen Zweck gerichteten Willen niemals eine Einheit, bevor sie sich nicht der Gemeinsamkeit dieses ihres Zwecks bewusst werden und den Willen fassen, eine Einheit zu bilden.

Es muss also zu den Zwecken noch hinzukommen ein bewusster Einheitswillen; dieser kann jedoch ersetzt werden durch ein unbewusstes, natürlich-sittliches Einungsband, wie beim Staat; s. weiter unten.

c. Einheit.

§ 38. Die neu entstehende Einheit hat nun nach unserm Princip Wirklichkeit, Realität, wahre Existenz: sie ist ein ὄντως ὄν, nicht blos ein gedachtes Ding. Sie ist ferner ein ihren einzelnen Bestandtheilen gegenüber selbständiges neues Ganzes; daher sie unberührt bleibt durch den Wechsel ihrer Theile Sie hat ferner dieselbe Qualität an sich, wie die verschiedenen geeinten Einzelnen, nämlich die, Willen zu sein, und zwar blos Willen, der auf einen oder mehrere einzelne Zwecke oder auf eine Gesammtheit von Zwecken gerichtet ist.—

Nun haben wir aber oben in § 23 gezeigt, dass, um Rechtssubject sein zu können, d. h. um Person zu sein, nichts weiter nothwendig ist, als dass ein Willen da sei. Da nun die Corporation, wie wir eben gezeigt, Willen hat, so ist sie Person und mithin fähig, Rechtssubject zu sein. Freilich nicht in allen möglichen rechtlichen Beziehungen, sondern nur soweit als sie Willen hat, willensfähig ist. Dies ist sie nun aber blos in Beziehung auf alles das, was zur Erreichung ihrer Zwecke dient. Folglich ist sie auch nur soweit rechtsfähig, als sie es zur Realisirung ihrer Zwecke zu sein braucht. Daraus erklärt sich der Satz, dass die Corporation kein Delict begehen und durch keine obligationes ex delicto verpflichtet werden kann [154]), und so manche andere dogmatische Consequenz.

---

[154]) S. darüber Savigny, System II § 94—95. Pfeifer, die Lehre von den juristischen Personen etc. § 38.

Da die Willensfähigkeit der Corporation sich nach den zu realisirenden Zwecken bestimmt, so ergibt sich, dass, je intensiver und reichhaltiger die Zwecke sind, zu deren Realisation die einzelnen Willen sich geeint haben, desto intensiver und reichhaltiger auch die Einheit selbst sein wird. Eine Einheit, die eine ganze Gesammtheit von Zwecken zu realisiren strebt, wird daher viel bedeutender, wichtiger und in Bezug auf ihre einzelnen Mitglieder wirkungsreicher sein, als diejenige Corporation, die nur einen einzigen Zweck zu realisiren strebt: daher auch der Staat, weil er alle sittlichen Zwecke zu verwirklichen hat, die wichtigste aller Corporationen ist. (S. unten).

d. Eintheilungen [155]).

§ 39. Man theilt die Corporationen gewöhnlich nach der Verschiedenheit ihrer Zwecke ein, so in öffentliche und Privatcorporationen. Dies ist aber ein unzulänglicher Eintheilungsgrund, erstens weil die daraus geschöpften Gegensätze keine festen sind, z. B. der Staat als Fiscus eigentlich eine reine Privatcorporation, als Staat i. e. S. aber eine öffentliche Corporation ist; zweitens weil die Verschiedenheit der Zwecke an sich nur etwas factisches ist, und daher rechtlich keine relevante Verschiedenheit der Corporation hervorbringt. — Auch die Eintheilung in universitates ordinatae und inordinatae ist ohne grossen practischen Belang [156]).

Vielmehr ist das, was die Corporationen ganz vollständig in grosse Kategorien zerfallen lässt, folgendes durchgreifende und tiefliegende Moment:

Bei allen Personeneinheiten ist das Substrat dasselbe, ebenso die eine Seite des Einungsbandes, der Zweck; sie

---
[155]) Pfeifer l. c. § 19 S. 48—49.
[156]) Savigny System II S. 245. Pfeifer l. c. S. 50.

beide können also nicht als Unterscheidungsmerkmale dienen. Wir haben aber oben sub b) gesagt, dass der Zweck allein nicht genügend sei, eine Einheit zu schaffen, sondern dass noch etwas hinzukommen müsse: entweder der bewusste Einungswille oder ein natürlich — sittliches Einungsband. Durch dieses entweder — oder werden nun die Corporationen von vornherein in zwei grosse Classen geschieden [157]. Die ersteren, durch bewussten Willen gebildeten, nennen wir darum gewillkürte oder gekorene Personeneinheiten (§ 41); die zweite Classe natürlich-sittliche Personeneinheiten (§ 40). Die Geschichte hat dann zwischen beiden Classen eine Mischform gebildet (§ 42); endlich sind noch ihres eigenthümlichen Entwicklungsganges wegen die Kirchen gesondert zu betrachten (§ 43). (Siehe die Anmerkung.)

3. Die einzelnen Personeneinheiten.

a. Natürlich-sittliche Einheit.

§ 40. Von den natürlich-sittlichen Einheiten ist für unser jetziges Recht nur noch der Staat zu berücksichtigen. Zwar waren die Gemeinden etc. ursprünglich auch Einheiten

---

[157] So auch Savigny System II S. 242. Hegel, Philosophie der Geschichte, ed. Gans (Werke IX) S. 28 unten.

Anmerkung. Alle Personeneinheiten zusammen nannte man nach römischem Vorgang Corporationen im weitern Sinne; ein guter und treffender deutscher Ausdruck scheint Genossenschaften zu sein. Die natürlich-sittlichen Einheiten und die Mischarten nannte man Corporationen im engern Sinne. Erstens können diese beiden Arten aber garnicht zusammengeworfen werden; zweitens brauchen weder die natürlich-sittlichen Einheiten einen neuen Namen, da hier nur eine zu betrachten ist, der Staat, noch die Mischarten, weil diese Gemeinden und Gemeindeverbände heissen. Für die grosse Zahl der gewillkürten Einheiten aber brauchen wir einen zusammenfassenden Namen: wir nennen sie darum Genossenschaften im engern Sinne.

dieser Art, und aus ihnen hat sich der Staat erst eigentlich entwickelt. Als aber der Staat als die höhere Einheit über sie trat und sie in seinen Dienst zwang, büssten sie viel von ihrer alten Eigenthümlichkeit ein, und es kam sogar soweit, dass der Staat selbst Gemeinden gründete, die demnach bewussten Corporationswillen hatten. Sie sind deshalb Mischformen, und müssen in § 42 besonders betrachtet werden.

Nun kannte allerdings das ältere deutsche Recht noch mehrfach Personeneinheiten, die auf natürlich-sittlicher Basis beruhten, so z. B. die Sippe. (Nicht hierher zu ziehen ist die Familie, weil diese ein Herrschaftsverband eigener Art war, und keine freie Genossenschaft.) Diese existiren als Einheiten nicht mehr und deshalb bleibt für uns nur noch der Staat zu berücksichtigen.

Die natürlich-sittliche Grundlage des Staats war ursprünglich eine rein persönliche Verwandtschaft des Blutes, der Sprache, der Sitte u. s. w. Dieser ursprünglich also nur persönliche Verband verdinglichte nun später, und zwar so, dass diese Dinglichkeit des Verbandes zur Hauptsache wurde. Die Verdinglichung geschah dadurch, dass nicht mehr die Verwandtschaft sondern das Zusammenwohnen die Staatsangehörigkeit begründete. Wie nun jeder Verband, der eine natürlich-sittliche Basis hat, zugleich Verwirklichung des Allgemeinwillens, des metaphysischen Willens ist, so auch der Staat insbesondere [158].

Das Einungsband, welches die „Staat" genannte Personeneinheit schafft, besteht aber ausser der natürlich-sittlichen Basis wie bei jeder Personeneinheit noch in den zu reali-

---

[158] Hegel Philosophie der Geschichte. S. 37—72 passim.

sirenden Zwecken. Und zwar tritt für den Staat die aus seinem Begriff herfliessende Besonderheit ein, dass er nur sittliche Zwecke und keine blossen Utilitätszwecke, dass er ferner aber auch alle sittlichen Zwecke der Gemeinschaft zu verwirklichen hat. Daher nennt ihn Hegel [159]) mit vollem Recht die Wirklichkeit der sittlichen Idee. Die Idee (d. i. der sittliche Allgemeinwille) tritt nämlich im Staat in die Erscheinung; der transcendente Wille wird zu einem immanenten, indem er aus der Welt der Nooumena in die Welt der Phänomena übertritt [160]).

Aus dieser doppelten Natur — deren höhere Identität aufzuzeigen uns der Raum verbietet — ergibt sich nun, dass der Staat etwas nothwendiges ist. Er ist die nothwendige und alleinige Form, in der die Idee sich verwirklicht; er ist aber auch die nothwendige und alleinige Form, in der die Menschen ihre Interessen wahrhaft befriedigen können. Denn das wahrhafte Interesse der Menschheit fällt zusammen mit der Fortentwicklung der Idee. Daher ist Zöpfl's Satz ganz richtig, dass der Staat die Thatsache des Daseins eines ansessigen Volks sei [161]): mit der natürlich-sittlichen Grundlage, d. h. eben dem Zusammenwohnen (das dingliche Moment des Verbandes!) eines sesshaften Volks (das persönliche Moment!) ist ohne Weiteres der Staat gegeben.

Der Staat tritt darum von vornherein unbewusst hervor; er ist nichts durch den Willen der Menschen geschaffenes. Denn da der Staat in Wahrheit alle sittlichen Zwecke ver-

---

[159]) Hegel Grundlinien der Philosophie des Rechts ed. Gans (Werke VIII). § 257.
[160]) Ganz falsch und zu einer Corruption des Staatsbegriffs führend ist Lassons Ansicht: Völkerrecht S. 15 i. d. M. S. 20 f. S. 136 unten.
[161]) Zöpfl Staatsrecht I § 1.

folgt, also die ganze sittliche Existenz des Menschen in sich begreift, so ist es nicht nöthig, dass sich die Bürger dieses Zwecks bewusst werden. Wenn eine Personeneinheit einen Sonderzweck verfolgen will, so muss sie sich desselben bewusst sein, weil sie ihn eben von andern Zwecken absondern muss; diejenige Personeneinheit aber, welche die Gesammtheit aller sittlichen Zwecke verfolgt, braucht sich dieser Zwecke nicht bewusst zu werden, weil sie ja keine Negation sich gegenüber hat, d. h. sittliche Zwecke, die sie nicht realisiren soll. Dies ist der Grund davon, dass der Staat als unbewusster erwachsen kann. — Was die Menschen zuerst antreibt, politische Organisationen zu schaffen, sind gewisse, aus Sonderbedürfnissen hervorgehende Sonderzwecke [162], wie der Zweck des inneren Rechtsschutzes und der äussern Sicherheit. Diese treten als bewusste auf. Der Weltgeist braucht aber diese untergeordneten Sonderzwecke als Mittel, um seinen höheren Zweck, vielmehr seinen einzigen Zweck, sich selbst — denn er ist sich Selbstzweck — zu verwirklichen. Die Menschen erkennen durch lange Gedankenarbeit im Laufe der Jahrtausende mehr und mehr, welches die wahren Staatszwecke sind, was also der Staat selbst, oder die Idee (denn der Staat ist ja die Erscheinungsform der Idee) in Wahrheit ist, oder objectiv ausgedrückt: der Staatszweck und so der Staat selbst, also die Idee, ringen sich zum Bewusstsein durch, werden bewusst.

Welche Verkennung des wahren Wesens des Staats und welche Geringschätzung seines idealen Gehalts ist es nun, ihn als eine Fiction hinzustellen! Ist er doch das existenteste, realste, einheitlichste Wesen, das die Menschen

---

[162] Hegel Philos. d. Geschichte S. 29; überhaupt S. 27—37.

kennen. Er ist für die menschlichen Verhältnisse in Wahrheit ein ens realissimum. Und zwar ist er eine solche wirkliche (allerdings nicht concrete und sinnlich wahrnehmbare) willensbegabte Realität in doppelter Weise: einmal nach unserem Princip als die Einheit der sittlichen Willen aller seiner Bürger, und dann als die Verkörperung des metaphysischen Willens [163]). Diese Begriffsbestimmung des Staats hat die wichtigsten dogmatischen Folgen, z. B. ergibt sich das Princip des Strafrechts aus derselben ganz von selbst.

Folgende Bestimmungen können wir jetzt als die Unterscheidungsmerkmale des Staats von den übrigen Personeneinheiten aufstellen:

α. Er ist eine auf **natürlich-sittlicher Grundlage** beruhende Einheit, welche die Aufgabe hat, alle **sittlichen Zwecke** menschlicher Gemeinschaft zu realisiren.

β. Er ist darum von vornherein eine **unbewusste Einheit**, und sein Zweck, der Staatszweck, ist ein unbewusster.

γ. Er ist ferner auch eine **nothwendige Einheit**.

δ. Er ist ferner **autonom**, souverän: denn da er alle sittlichen Zwecke in sich begreift, so gibt es keinen Sonderzweck, durch den er beschränkt würde. Er steht vielmehr über jedem einzelnen Zweck.

ε. Er ist als natürlich-sittliche auch eine **ausschliessende Einheit**, d. h. Niemand darf Bürger zweier Staaten sein, erstens weil der Staat auf natürlich-sittlicher Grundlage beruht, und zweitens, weil er ja den ganzen sittlichen Willen des Menschen für sich in Anspruch nimmt.

ζ. Er ist endlich, weil er unbewusst erwachsen ist, auch

---

[163]) Zugegeben von Böhlau l. c. S. 18—19.

nicht künstlich organisirt, sondern seine Organisation ist eine geschichtlich gewordene.

η. Zur Realisirung seiner Zwecke dient unmittelbar nur seine völkerrechtliche und (i. e. S.) öffentlich-rechtliche Persönlichkeit. Da der Staat seinem Wesen nach aber autonom ist, so existirt für ihn im genauen Sinne des Worts kein Völkerrecht. Als öffentlich rechtlicher (i. e. S.) Person stehen ihm besonders folgende Hoheitsrechte zu: Militairhoheit und Finanzhoheit, d. h. er darf persönliche und Vermögensleistungen von seinen Bürgern fordern; ferner Justizhoheit, d. h. er ist der Wächter der Rechtsordnung, insbesondere muss er das Gut der allgemeinen Sittlichkeit durch Strafrechtspflege in seiner Integrität erhalten; endlich Polizei- und Verwaltungs-Hoheit, umfassende Begriffe für alle übrigen Rechte, die er hat, um kraft ihrer den vernünftigen gemeinsamen Interessen seiner Bürger Rechnung zu tragen. Dass diese Aufzählung auf Vollständigkeit keinen Anspruch macht, brauchen wir wol kaum hinzuzusetzen.

Der Staat braucht endlich zur Realisirung seiner Zwecke auch eine privatrechtliche Persönlichkeit.

b. Gewillkürte Einheiten.

§ 41. Unter diese Kategorie gehört jede freie auf Realisirung eines bestimmten gemeinsamen Zwecks gerichtete und mit bewusstem Einungswillen gebildete Personeneinheit: Genossenschaft i. e. S. —

Der Zweck muss ein bewusster sein, weil er nicht wie beim Staat alle Zwecke in sich begreift, sondern immer nur ein besonderer ist, also seine Negation sich gegenüberstehen hat in Gestalt solcher Zwecke, welche die betreffende Genossenschaft nicht realisiren will: er muss also, um als einzelner realisirt zu werden, auch in dieser seiner Besonderheit erkannt sein.

Da ferner bei den gekorenen Einheiten das natürlich-sittliche Band fehlt, das den Staat zusammenhält, so tritt dafür der bewusste Einungswille ein. Ohne diesen kann also nie eine gekorene Einheit entstehen. Der Einungswille geht darauf, eine Einheit zu bilden, so dass also die Realisation des Genossenschaftszwecks unmittelbar der Einheit als solcher und erst mittelbar oder garnicht den Genossen zu Gute kommt.

Hierdurch unterscheidet sich die Corporation oder Genossenschaft von der Societät oder Gesellschaft. Bei letzterer fehlt nämlich der Einungswille; es ist bei ihr nur ein Societätswille vorhanden, welcher darauf geht, dass die Realisation des Societätszwecks unmittelbar den einzelnen socii nach dem Princip der Theilung zu Gute komme. Hier handeln also die socii unmittelbar und nur für sich; dort, bei der Genossenschaft, handeln sie garnicht oder höchstens mittelbar für sich, und vielmehr für die Einheit als solche. Zwar ist der Begriff des Mittelbaren sehr vieler Abstufungen fähig; dafür ist aber der Begriff des Unmittelbaren ein ganz fester und bestimmter, und unterscheidet die Societät absolut von der Corporation. Tertium non datur; ein Mittelding zwischen beiden gibt es nicht, ein Mittelding zwischen Corporation und Societät wäre vielmehr ein Unding. Und doch wollen manche Germanisten[164] ein solches aufstellen.

Nach diesem Begriff des Unmittelbaren erledigt sich

---

[164] So Beseler System a. a. O. bes. § 68. N. 1. id. Volksrecht u. Juristenrecht a. a. O. bes. S. 161. id. Erbverträge I S. 80. Bluntschli Deutsches Privatrecht a. a. O. bes. S. 138—139.

auch sofort die viel besprochene Frage, warum die Actiengesellschaften schon zu den Einheiten, die offene Handelsgesellschaft aber noch zu den Societäten zu rechnen ist [165]. Freilich eine Actiengesellschaft, wie sie Pfeifer im Anhang darstellt, ist keine sogenannte juristische Person; sie ist aber auch keine wahre Actiengesellschaft, weil ihre Statuten nicht den Bestimmungen entsprechen, die gesetzlich und begrifflich für dieselbe aufgestellt sind.

Der Begriff des Mittelbaren ist allerdings, wie schon oben gesagt wurde, unendlich variabel, und wir müssen uns freuen, dass er es ist! Denn dadurch bekommt der Genossenschaftsbegriff jene Beweglichkeit und Anschmiegsamkeit an die Bedürfnisse des socialen Lebens, welche der Corporation eine so enorme Bedeutung gibt. Die Gegensätze unmittelbar und mittelbar stossen hart an einander, aber sie können nie in einander überfliessen. Demnach wird die unendliche Stufenleiter menschlicher Vereinigungen gebildet durch folgende Endpunkte: durch die Societät des römischen Rechts auf der einen Seite, welche den Begriff des Unmittelbaren repräsentirt, und auf der andern Seite durch die alte strenge Corporation des römischen Rechts, in der sich der Einungswille am reinsten als auf die Einheit selbst gehend zeigt. Zwischen diesen Endpunkten bauen sich nun in unendlicher Mannichfaltigkeit die deutschen Genossenschaften auf; von den Corporationen neigt wohl am meisten zur Societät hin die Actiengesellschaft; von den Societäten steht den Corporationen die offene Handelsgesellschaft wohl am nächsten. Actiengesellschaft und offene Handelsgesellschaft berühren sich also fast; aber zwischen ihnen ist

---

[165] Reichs-H.-G.-B. 213 u. dagegen Reichs-H.-G.-B. 111. Pfeifer zur Lehre v. d. juristischen Personen bes. S. 166.

noch immer eine unübersteigliche Kluft, über welche ohne Verletzung der Logik keine Brücke geschlagen werden kann. — Entsprechend den für den Staat aufgestellten Merkmalen (§ 40 α—η) ergeben sich für die gewillkürten Einheiten folgende Betimmungen:

α. Die gewillkürte Einheit ist eine mit **Corporationswillen** gegründete Einheit, welche die Aufgabe hat, **einen oder einzelne Sonderzwecke** zu realisiren.

β. Sie ist darum von vornherein eine bewusste Einheit, ihr Zweck ein bewusster.

γ. Sie ist **keine nothwendige** Einheit, sondern ihr Zweck beruht auf freier Wahl, also Willkür der Genossen, und die Genossen finden sich auch nach freier Küre zusammen. (Siehe die Anmerkung).

δ. Sie ist wie der einzelne Mensch dem **Staate untergeordnet**, da sie ja nur einen Sonderzweck realisiren will; jedoch kann sie eine gewisse Autonomie über ihre Mitglieder nach innen haben, soweit dies zur Realisirung ihrer Zwecke nöthig ist (z. B. Disciplinargewalt der Universitäten).

ε. Sie ist **keine ausschliessende** Einheit; daher man Mitglied mehrerer Genossenschaften sein kann, sogar solcher, die denselben Zweck haben, z. B. zweier Lebensversicherungsgesellschaften.

ζ. Ihre **Verfassung ist eine künstlich gemachte,** d. h. gemäss den gesetzlichen Vorschriften durch die Willkür

---

Anmerkung. Uebrigens gibt es mehrere Genossenschaften i. e. S., die neben dem bewussten Corporationswillen noch eine natürliche Grundlage haben, durch welche zum Theil sogar die völlig freie Küre ausgeschlossen wird, so z. B. Deichgenossenschaften, in die der Staat den einzelnen Grundeigenthümer je nach Lage seines Grundstücks einzutreten zwingen kann. Bei diesen eigenthümlich gearteten Genossenschaften ist also das Merkmal sub γ) demgemäss zu modificiren. Dies nur andeutungsweise.

(d. h. freie Selbstbestimmung) der Genossen aufgestellte und bestimmte.

η. Sie hat blos die **Rechtsfähigkeit eines einzelnen Menschen**, soweit diese nicht durch die Qualität der Leiblichkeit bedingt ist. Sie ist insbesondere nicht Trägerin öffentlicher Gewalt.

§ 42. c. Gemeinden und Gemeindeverbände.

Unter Gemeinden i. w. S. (Gemeinden i. e. S. und Gemeindeverbänden) versteht man diejenigen Personeneinheiten, welche auf einem bestimmten Theile des Staatsgebiets (der Gemeindemarkung) sesshaft sind, und deren Zweck der Staatszweck ist, nur mit besonderer detaillirter Richtung auf die Gemeindemitglieder. Es gehören also unter diese Kategorie vor allem die Gemeinden i. e. S., dann die Amtsbezirke, Provinzialverbände u. Ä.

Die Gemeinden sind ursprünglich völlig Einheiten der in § 40 geschilderten Art; auch sie waren, wie der Staat, zuerst auf rein natürlich-sittlicher Grundlage beruhende, zur Realisation einer Gesammtheit von Zwecken unbewusst gebildete Einheiten. Auch sie waren zuerst persönliche Verbände, die aber später verdinglichten und zu Realgemeinden wurden.

Diese Gemeinden sind wohl die Vorläufer des Staats[166]; der Staat hat sich erst durch ihre Zusammenfassung gebildet als eine über diesen Einheiten stehende höhere Einheit. Dadurch aber, dass nun der Staat als höhere Macht über sie trat, verloren sie viel von ihrer alten Eigenthümlichkeit; denn der Staat begann jetzt künstlich Gemeinden

---

[166] Beseler System S. 237 II.

zu bilden und ihnen künstlich eine Verfassung zu geben. Es blieb freilich noch immer die natürlich-sittliche Grundlage des Zusammenwohnens; aber die sonstige Zusammengehörigkeit war eine sehr lockere; erstens weil im 16. Jahrhundert neben die Realgemeinden und sie theilweise verdrängend die politischen oder Ortsbürgergemeinden traten, denen man angehören konnte auch ohne Grundbesitz in der betreffenden Gemeinde zu haben; zweitens weil der Staat die Abgrenzung des Gebiets, auf dem die Gemeinde wohnen sollte, willkürlich vornahm, wie vielfach bei den Amtsbezirken und Provinzialverbänden, die nach Utilitätsrücksichten, nicht nach geschichtlicher Nothwendigkeit zusammengefasst wurden. — Vom Staat unterscheidet sich ferner die Gemeinde sehr scharf dadurch, dass sie nicht blos wie jener die allgemeinen sittlichen Interessen der Gemeinschaft zu verwirklichen strebt, sondern dass sie sich auch als egoistische Grösse den übrigen gleichberechtigten Gemeinden gegenüber stellt, die gemeinsamen Privatinteressen ihrer Mitglieder gegenüber denen anderer Gemeinden, mithin nicht blos sittliche, sondern auch egoistische Zwecke verfolgt, was der Staat nie kann; denn er ist absolute Grösse und sich als solche nothwendig Selbstzweck.

Aus allem diesen geht hervor, dass in der Gemeinde sich die Wesensmerkmale, die wir für den Staat und die wir für die Genossenschaften i. e. S. aufgestellt haben, gemischt vorfinden werden.

α. Die Gemeinde beruht wie der Staat auf der natürlich-sittlichen Grundlage des Zusammenwohnens. Bald hat sie sich ganz wie der Staat als **natürlich-sittliche Einheit** entwickelt; bald aber auch ist sie vom Staat mit **bewusstem Einungswillen**, nur auf dieser Grundlage des

Zusammenwohnens gebildet worden. Die Gemeinde hat ursprünglich auch die Gesammtheit aller sittlichen Zwecke ihrer Bürger zu vertreten; der Staat hat aber die Realisirung vieler dieser Zwecke in seine Hand genommen (Centralisationsprincip). Jedoch liegt es in der Natur der Sache und im Interesse des Staats, je höher die Cultur und Bildung des Volks steigt, desto mehr auch die Competenz der Gemeinden zu erweitern (Princip der Selbstverwaltung). Auch ist, um etwaigen Einwänden zu begegnen, die man Hegel wegen seiner Definition des Staats gemacht hat, daran zu erinnern, dass die Arbeit des Staats für die sittlichen Zwecke seiner Bürger nicht Bevormundung und Gängelung sein darf. — Neben diesen sittlichen Zwecken hat die Gemeinde aber auch die gemeinsamen Privatzwecke ihrer Bürger gegenüber denen anderer Gemeinden zu vertreten.

β. Die Gemeinde hat sich [167]) bald **unbewusst** mit unbewussten Zwecken geschichtlich entwickelt, bald ist sie zur Realisirung **bewusster** Zwecke vom Staat gegründet worden.

γ. Sie ist demnach auch bald eine **nothwendige** Einheit, bald eine durch die **freie Wahl** des Staats geschaffene.

δ. Sie ist je nach dem Grade der Centralisation ihres Staats mehr **autonom** oder mehr **dem Staate unterworfen**.

ε. Sie war ursprünglich eine **ausschliessende** Einheit, d. h. man konnte nur Bürger **einer** Gemeinde sein; jetzt ist dieser Grundsatz modificirt (z. B. Ehrenbürgerrecht).

ζ. Ihre Verfassung ist theils eine geschichtlich gewordene, theils eine vom Staat **künstlich geschaffene**.

η. Sie ist wie der Staat Trägerin öffentlicher Be-

---

[167]) Beseler Erbverträge I S. 80.

fugnisse, nur in geringerem Maasse wie dieser, je nach dem Grade der Centralisation ihres Staats. Daneben hat sie natürlich wie auch der Staat Privatrechtsfähigkeit.

d. Kirchen.

§ 43. Eine Einheit, die nur darin besteht, dass sich verschiedene Menschen eines gemeinsamen Glaubensinhalts bewusst sind, ist eine rein geistige ideelle Einheit und darum für das Recht indifferent. Tritt dieser gemeinsame Glaubensinhalt aber aus seiner idealen Entferntheit heraus, d. h. setzt die Einheit sich die weltliche Ausbreitung und Herrschaft ihres Glaubensinhaltes zum Zweck, so muss sie natürlich weltliche Mittel in ihren Dienst nehmen. Sie steigt damit aber sofort in die Sphäre weltlichen Rechts hinab; die ideelle Einheit wird dann Zweckeinheit und mithin Rechtssubject. In ihrer Entwicklung steigt sie dann entweder zum Staat (z. B. der Kirchenstaat) oder Staatstheil (z. B. der Mormonenstaat) auf, oder sie wird blosse Zweckcorporation (so unsere Kirchen).

III. Rechtsgeschichtliche Begründung.

§. 44. In diesem Abschnitt muss dargestellt werden, wie das deutsche Recht die von uns dargelegte Auffassung der sogenannten juristischen Personen als wahrer realer Personen zur nothwendigen Voraussetzung und auch allmählich in sich herausgebildet hat. Es muss hier ferner gezeigt werden, wie das deutsche Recht gerade seine Eigenthümlichkeit in dem reichen corporativen Leben hat, und wie sich dieses so ganz anders entwickelt hat als es das römische Recht denken konnte; wie endlich die ganze deutschrechtliche Ausprägung des Associationsprincips tief begründet ist in dem starken Hang des Deutschen zur Association.

Dieser Gegenstand würde allein für seine Bearbeitung jahrelange Studien erfordern. Eine u. E. vorzügliche Darstellung hat er in Gierkes Rechtsgeschichte der deutschen Genossenschaft (Berlin 1868) gefunden.

Nur zur Vervollständigung des Systems der vorliegenden Arbeit stehe die unausgefüllte Rubrik dieses § an dieser Stelle.

D. Falsche Erweiterungen des Personenbegriffs.

§ 45. Auch noch andere Substrate als Menschen, Stiftung, ruhende Erbschaft und Corporation hat man als Träger der Rechtsfähigkeit ansehen wollen. Nach unserm Princip erledigen sich die daraus entstehenden Controversen von selbst, weil wir ja eine Fiction als die Thatsachen umgestaltend nicht gelten lassen, und weil wir·andererseits die Bedingungen nicht vorfinden, welche wir für das Dasein einer wahren Persönlichkeit aufgestellt haben. Insbesondere

1. behauptet man, die successiven Inhaber eines Amts oder Thrones bildeten zusammen eine juristische Person [168]. Schon in dem „successiven" liegt implicite, dass hier kein wahrer einheitlicher Wille vorhanden sein kann. Dass das Amt selbst oder die Behörde eine juristische Person sein sollte [169], ist ganz undenkbar, weil ja das Amt als solches, also als ein blosser umfassender Begriff für gewisse Functionen, absolut keinen Willen haben kann. Wenn man von Rechten eines Amtes spricht, so ist dies incorrect; man sollte von solchen niemals sprechen, da stets der Staat, der das

---

[168] So Windscheid Pand. § 57. N. 3 pr.
[169] So Bluntschli deutsches Privatrecht I S. 174—178 („öffentliche Stiftungsperson").

Amt ins Leben gerufen hat, das alleinige Rechtssubject ist [170].

Was nun aber die Frage betrifft, ob die gleichzeitigen Inhaber eines Amtes eine eigene Einheit, also eine Person bilden, so ist das eine reine quaestio facti. Wenn die betreffenden für einen Zweck zusammenwirkenden Beamten Corporationswillen haben, und wenn der Staat ihnen gestattet, eine Personeneinheit zu bilden — was eine Frage des jedesmaligen positiven Staatsrechts ist — so wird es schwer sein, ihre Rechtsfähigkeit zu leugnen. Denn alle Requisite derselben sind dann vorhanden.

§ 46. 2. Es gibt selbständige Rechte, die immer und nur demjenigen zustehen, welcher ein anderes Recht hat, so dass also der Erwerb des ersteren Rechts durch den vorhergegangenen Erwerb des letzteren bestimmt ist. Dies hat Statt:

a. Bei Inhaberpapieren. Hier steht die betreffende Forderung nur dem zu, der das Eigenthum an dem Stück Papier hat, auf welches die Inhaberobligation geschrieben oder gedruckt etc. ist.

b. Bei Grundstücken. Hier steht ein Realrecht oder eine Reallast nur dem zu, der Eigenthümer des Grundstücks ist.

Man hat nun im ersteren Falle das Inhaberpapier und im zweiten das Grundstück selbst zum berechtigten Subject, zu einer sogenannten juristischen Person machen wollen [171]. Dies ist aber

---

[170] Literatur s. bei Windscheid l. c. N. 3 a. E. Unserer Ansicht sind: Savigny System II S. 257. Puchta Vorlesungen S. 61. Windscheid l. c. Pfeifer zur Lehre etc. § 7—10. Wächter Vorlesungen § 46a. Vgl. Arndts Pand. § 41 A. 7.

[171] Für Inhaberpapiere als Rechtssubjecte ist Bekker in seinem und Muthers Jahrbuch I S. 266—325. S. 361—426 a. a. O. besonders S. 292 unten.

a. unmöglich, weil ein Stück Papier oder ein Stück Land oder ein Haus etc. nie Willen haben kann, der doch erforderlich ist, damit etwas Person und somit Rechtssubject sei.

b. unnöthig, weil das dargestellte Verhältniss nur eine künstlichere Art der Verknüpfung des betreffenden Rechtes mit dem Inhaber des Papiers oder Eigenthümer des Grundstücks bildet. Das betreffende Recht steht diesen Personen in Wahrheit zu; nur ist sein Erwerb an den Erwerb jenes anderen Rechtes geknüpft, was garnichts sonderbares hat.

§ 47. 3. Ebenso einfach erledigt sich die Frage, ob die Peculien als eigne Rechtssubjecte anzusehen seien. Ein Vermögen ist absolut willensunfähig kann daher nie Rechtssubject sein. Auch braucht für dieselben ein Subject garnicht gesucht zu werden, da ein solches sich unmittelbar in dem Hauskind und Hausvater findet. Bekker[172]) wendet auf die Peculien den Begriff des abhängigen Zweckvermögens an.

§ 48. 4. Auch der nasciturus kann nicht, obgleich er pro jam nato habetur, wie Rudorff will, als sogenannte juristische Person gelten. Wer ungeboren ist, kann keinen Willen haben, kann also nicht Rechtssubject sein. Wie das Reserviren von

---

Für Grundstücke als Rechtssubjecte insbes. Böcking Instit. § 62 d. Pand. I § 38; bei Arndts Pand. § 41 A 5 cit. Dagegen auch Kuntze krit. Ztschrft. I. S. 548. Beseler System S. 235 V. Bluntschli d. Privatrecht I. § 33 a. E. Demelius Jahrbücher f. Dogm. IV. S. 129 f. Windscheid Pand. § 57. N. 10. § 201. Nr. 2. N. 6. Wächter Vorlesungen § 46a § 23. V. Arndts (unentschieden) Pand. § 41. A. 5. Savigny System II. 379—380. Puchta Vorlesungen S. 61., der diese Ansicht eine moralische Unmöglichkeit nennt. Gegen Bekker insbes. vgl. oben § 10.

[172]) in Goldschmidts Zeitschrift für Handelsrecht. Bd. IV. S. 499 ff.

Rechten für den nasciturus jedoch zu erklären ist, das ist bestritten [173]).

Abschnitt 2.

Wie sind die sogenannten juristischen Personen technisch zu behandeln?

§ 49. Dass ruhende Erbschaft und Stiftung von Personen (im streng juristischen Sinne) regiert werden, haben wir in § 24—26 gesehen. Dass ebenso die Rechte einer Corporation einer wahren Person, nämlich dem Corporationswillen, der nach dem Princip der Einheit in der Vielheit gebildet ist, zustehen, haben wir in § 27—44 zu zeigen gesucht; dass sich ausser den Menschen und den drei angeführten Personenarten keine Prätendenten auf die Persönlichkeit mehr vorfinden, das ergab sich in § 45—48. Wir können demnach den in § 2 aufgestellten äusserlichen Begriff der sogenannten juristischen Personen jetzt tiefer so aufstellen:

„Juristische Personen sind unkörperliche Willen".

Es fragt sich jetzt, ob der Name „juristische Personen" für die besprochenen Personenclassen passend ist.

Wenn „juristisch" bei diesem Namen in dem Sinne gebraucht wird, dass die betreffende Persönlichkeit eine vom Recht anerkannte sei, so ist der Zusatz ganz bedeutungslos, da nach § 22 jede Persönlichkeit, um zum Rechtssubject zu werden, vom positiven Rechte anerkannt sein muss. Wird „juristisch" in diesem Sinne genommen, so ist der Mensch auch juristische Person [174]), weil auch seine Persönlichkeit erst

---

[173]) S. Windscheid Pand. § 52. N. 5. Lasson Völkerrecht. S. 131. Bes. Jherings Construction in seinen Jahrb. f. Dogm. X a. a. O. S. 416.

[174]) So auch Windscheid Pand. § 49 N. 5.

durch eine lex oder constitutio (die in diesem Falle eine generalis ist) anerkannt sein muss. Soll der Ausdruck „juristische" Person aber bedeuten, dass hier eine erst durch das positive Recht zur Person gemachte Nichtperson vorliege, so ist dies nach unserer positiven Darstellung völlig unrichtig, da die in Frage stehenden Personen ebenso real sind wie der Mensch selbst. Der Ausdruck „juristische Person" ist also garnicht bezeichnend und darum unbrauchbar, alle diejenigen Personen, denen die Qualität der Leiblichkeit abgeht, zusammenzufassen. Lasson[175]) gibt der alten Bezeichnung „moralische Person" den Vorzug, obgleich er doch nicht leugnen kann, dass gerade in der letzten Zeit recht viele unmoralische Corporationen gegründet worden sind. Der in Frage stehende Ausdruck erweckt gar zu sehr fremdartige Vorstellungen, um brauchbar zu sein. Kuntze[176]) hat die besseren Namen „nicht menschliche, nicht physische, intelligible Personen". Am besten scheint es, entsprechend der Unterscheidung der Sachen in körperliche und unkörperliche auch die sämmtlichen (realen, wirklichen, existenten) Personen in zwei grosse Kategorien zu theilen: in die körperlichen und die unkörperlichen oder unleiblichen.

Noch ist zum Schluss der ganzen Arbeit eine Frage zu beantworten. Es ist eine nicht ganz gewöhnliche und nur für einen an abstractes Denken gewöhnten Verstand leichte Vorstellung, unleibliche Willen als Rechtssubjecte zu denken. Es liesse sich daher wohl die Frage aufwerfen, ob man nicht der Auffassung der Laien dadurch zu Hilfe kommen solle, dass man — immer unbeschadet der richtigen tieferen Erkenntniss — aus Gründen der Practicabilität

---

[175]) Völkerrecht S. 131—132.
[176]) i. d. Heidelb. krit. Zeitschrift I. S. 359.

eine juristische Fiction aufstellte und zwar die, dass die Stiftung selbst, die Erbschaft selbst, die Personeneinheit selbst das Rechtssubject sei und wie ein Mensch gedacht werde. Die Fiction würde hier also völlig berechtigt sein. Ueber ihre Nützlichkeit aber lässt sich streiten: Demelius[177] zweifelt an derselben, Windscheid[178] leugnet sie für die ruhende Erbschaft. Gegen dieselbe lässt sich geltend machen, dass eine Fiction leicht Grund zu einer falschen Auffassung der Sache selbst gibt und daher ein sehr zweischneidiges Schwert ist. Wenn jedoch die technischen Vortheile derselben so gross sind, wie man meist behauptet, so mag die Gesetzgebung immerhin fingiren: die Wissenschaft darf es nie thun und hat stets die Pflicht, wieder und wieder zu betonen, dass die von der Gesetzgebung aufgestellte Fiction nicht das Wesen der Sache erschöpft, sondern eben nur eine Gleichsetzung, eine Annahme rein technischer oder practischer Natur ist. Mit der fortschreitenden Rechtsbildung des Volks wird dann die Fiction allerdings fortgeworfen werden dürfen; so lange das Auge des Sterblichen noch zu schwach ist, um das Bild von Saïs unverhüllt zu sehen, so lange lasse man den Schleier darüber gedeckt. Denn sonst gibt es heillose Verwirrung. Wird einmal aber die rechtliche Bildung der grossen Menge weit genug sein, um einen unkörperlichen Willen als Rechtssubject zu denken, dann fort mit dem Schleier der Fiction: dann wird die Erkenntniss der reinen unverfälschten Wahrheit die segensvollsten Folgen haben für die weitere Entwicklung des Rechts in Theorie und Praxis.

---

[177] Jahrbücher f. Dogm. IV. S. 157 unten.
[178] Krit. Ueberschau I. S. 181—207 bes. Abschnitt I. II. IV.

Hoffen wir, dass die Zeit nicht mehr fern sein wird, wo unser ganzes Volk wieder wie einst das römische mit voller geistiger Klarheit an der nationalen Entwicklung des Rechts theilnimmt, und wo die Jurisprudenz nicht mehr als ein Einzelgut der Gelehrten dem Volksgeist entfremdet ist, sondern wo sie in ihm wurzelt und aus ihm ihre lebendige Kraft schöpft.

Resultate.

§ 50. 1. Die Fiction ist kein Mittel der Construction, sie schafft keine Wahrheit, sondern hat nur practischen, technischen Werth.

2 Es gibt keine subjectlosen Rechte.

3. Die ruhende Erbschaft und die Stiftung sind durch den objectivirten Willen des Erblassers und Stifters regiert, welche Rechtssubjecte für sie sind.

4. Die Corporation i. w. S., die Personeneinheit, hat einen nach dem Princip der Einheit in der Vielheit entstandenen Willen. Sie ist daher kein fingirtes, sondern ein reales, existentes und wirkliches mit Willen begabtes Wesen, eine wahre Person, mithin fähig Rechtssubject zu sein. Sie ist also „mehr Sein als Schein".

Literatur.

Arndts. Lehrbuch der Pandekten. 7. Aufl. Stuttgart 1872. bes. § 24 u. § 41 ff.
id. in der kritischen Vierteljahrsschrift für Gesetzgebung und Rechtswissenschaft, ed. Pözl in München. Bd. I. S. 93—104. München 1859. (Kritik gegen Demelius.)
Baron. Die Gesammtrechtsverhältnisse im römischen Recht. Marburg u. Leipzig 1864. bes. § 1. „Die universitas personarum".
id. Pandekten. Leipzig 1872. bes. § 17 u. § 29 ff.
Bekker in seinem und Muthers Jahrbuch des gemeinen deutschen Rechts. Bd. I. Leipzig 1857. „Die Geldpapiere" bes. S. 296—306.
id. in Goldschmidts Zeitschrift für das gesammte Handelsrecht. Bd. IV. 1861. S. 499—567. „Zweckvermögen" etc.
id. in Jherings und Ungers Jahrbüchern für Dogmatik Bd. XII. Jena 1872. S. 1—135. „Zur Lehre vom Rechtssubject."
Beseler. Die Lehre von den Erbverträgen. Bd. I. Die Verausgabungen von Todeswegen. Göttingen 1835.
id. Volksrecht und Juristenrecht. Leipzig 1843.

Beseler. System des gem. deutschen Privatrechts. 2. Auflage. Berlin 1866. § 66—72.
Bluntschli. Deutsches Privatrecht. Bd. I. München 1853.
id. in der krit. V.-J.-Schrift. Bd. I. S. 321—345. 481—508. „Zur Revision der staatlichen Grundbegriffe". Bes. S. 494—500.
Böhlau. Rechtssubject und Personenrolle. Weimar 1871.
Brinz. Lehrbuch der Pandekten. Bd. I. Erlangen 1857. S. XI. Abtheilung II. 1860—68. S. 979—1150. bes. S. 979—997.
Bruns in v. Holtzendorffs Encyclopädie. Bd. I. S. 270. Leipzig 1870.
Demelius in d. Jahrb. für Dogmatik. Bd. IV. Jena 1861. S. 113—158. ‚Ueber fingirte Persönlichkeit".
Fitting in d. krit. V.-J.-Schrift. Bd. I. München 1859. bes. S. 583—587.
Jhering. Geist des röm. Rechts. Bd. III. 1. Leipzig 1865. bes. § 60—61. S. 330—339. S. 209—213.
id. in d. Jahrb. f. Dogmatik. Bd. X. Jena 1871. S. 387—580. „Passive Wirkungen der Rechte".
Köppen. Die Erbschaft. Berlin 1856. bes. S. 9 ff. S. 164.
Kuntze in der krit. Zeitschrift für die gesammte Rechtswissenschaft. Bd. V. Heidelberg 1859. (Recension von Brinz' Pandekten). S. 359—362.
id. in Goldschmidts Zeitschrift für Handelsrecht. Bd. VI. 1863. „Princip und System der Handelsgesellschaften". Bes. S. 189 ff.
Laband ebendaselbst. Bd. VII. S. 181—184. 1861. (Recension von Salkowski).
Lasson. Princip und Zukunft des Völkerrechts. Berlin 1871. Bes. S. 122—140. „Der Begriff der moralischen Person und die Staatspersönlichkeit".
Pfeifer. Die Lehre von den juristischen Personen nach gemei-

	nem und württembergischen Recht. Tübingen 1847.
Puchta	in den kritischen Jahrbüchern für deutsche Rechtswissenschaft, ed. Richter. Bd. IV. 1840. S. 701—715. (Recension v. Savigny).
id.	Vorlesungen, ed. Rudorff. Bd. I. Leipzig 1847. § 25—27, auch § 28.
id.	kleine civilistische Schriften. Leipzig 1851. Nr. 28. S. 497—518.
Randa	in Siebenhaars Archiv für deutsches Handelsrecht und Wechselrecht. Leipzig 1866. Bd. XV. „Das Zweckvermögen, die juristische Person" u. s. w. S. 1 ff. S. 337 ff.
Rösler	in Goldschmidts Zeitschrift u. s. w. Bd. IV. 1861. „Die rechtliche Natur des Vermögens der Handelsgesellschaften nach römischem Recht". Bes. S. 282—284.
Salkowski.	Bemerkungen zur Lehre von den juristischen Personen. Leipzig 1863 Bes. § 2.
v. Savigny.	System des heutigen röm. Rechts. Bd. II. Berlin 1840. §. 85—103., bes. § 85—88 u. § 103.
v. Scheurl.	Beiträge zur Bearbeitung des röm. Rechts. 1. Heft. Erlangen 1852. S. 1 ff. „Die Erbschaft vor, in und nach ihrem Uebergang an den Erben".
Unger	in der kritischen Ueberschau der deutschen Gesetzgebung und Rechtswissenschaft. Bd. VI. München 1859. „Zur Lehre von den juristischen Personen". S. 145—188., bes. S. 156—171.
Windscheid	ebendaselbst. Bd. I. 1853. S. 181—207. „Die ruhende Erbschaft und die vermögensrechtliche Persönlichkeit".
id.	ebendaselbst. Bd. VI. 1859. „Zur Lehre von der Correalobligation". S. 219—221.
id.	Die Actio des röm. Civilrechts vom Standpunkt des heutigen Rechts. Düsseldorf 1856. Anhang S. 233—238.

Windscheid. Lehrbuch des Pandektenrechts. Bd. I. 3. Auflage. Düsseldorf. 1870. Bes. § 49. § 57 ff

Witte in Goldschmidts Zeitschrift für Handelsrecht. Bd. VIII. Erlangen 1865. „Erörterungen zum Recht der Actienvereine", bes. S. 7—14.

Auch habe ich mir erlaubt, meinen hochverehrten Lehrer *v. Wächter* aus seinen Vorlesungen über Pandektenrecht zu citiren. Ausser der Fachliteratur wurden noch für die Arbeit besonders benutzt *v. Wächters* Erörterungen und Handbuch und *Gierkes* Rechtsgeschichte der deutschen Genossenschaft.

Printed by Libri Plureos GmbH
in Hamburg, Germany